수비드의 **정석** KOREAN FOOD

SOUS VIDE
수비드의 정석
KOREAN FOOD

정상길 임선준 조학래 김경호

제이알매니지먼트

감사의 말

(주)미띤 대표 문상현

수비드 공장의 운영자로서 수비드 공법이 현대인들에게 널리 알려져야 한다고 생각합니다.

수비드는 전자렌지, 가스레인지만으로 음식을 조리하는 게 아니라 다양한 방법으로 조리할 수 있는 새로운 길을 열어 주는 공법입니다. 소비자에게는 셰프의 요리를 집에서 간편하게 조리할 수 있도록 하고, 자영업자들에게는 균일하면서도 빼어난 품질로 누구나 빠르게 조리할 수 있는 장점이 크게 작용하여 빠른 홀 순환, 배달 순환의 효과를 가져올 수 있습니다.

이러한 특징을 갖고 있는 수비드 공법을 공장화하여 사업할 수 있도록 해 준 은인같은 분이 책을 쓰신다고 하여 많은 관심을 갖고 보게 되었는데, 굉장히 간결하고 어느 누가 와도 쉽게 수비드를 이해할 수 있도록 잘 정리되어 있습니다. 집에서 더욱 색다른 요리를 하고 싶고, 요리를 잘 하는 이미지를 갖고 싶으신 분들께 강력하게 추천합니다.

이 책을 통하여 기존 조리법들과 수비드 공법이 서로에게 잘 녹아들어 더욱 다양한 퓨전 요리들이 많이 창조되고 보편화되길 소망합니다.

감사의 말

조리백과 대표 임선준

8년 전입니다. 수비드를 만난 저의 첫인상은 '주방과 공장을 연결할 수 있는 유일한 조리법'이 있다면 수비드가 아닐까? 였습니다.
8년이 지난 지금도 저는 당시의 첫인상을 그대로 간직하고 있습니다.

이 책은 제가 상상했던 근거들이 집약된 레시피 북입니다. 수비드를 이렇게도 활용할 수 있구나? 라고 감탄할 만한 과학적인 근거와 창조적인 요리의 방향성을 알려주고 있습니다.

이 책에는 기존의 요리 통념과는 다른 독특한 조리법이 많습니다. '굳이 이런 레시피를?' 이라고 생각하지 마시고 '수비드에는 이런 강점이 있어 이렇게도 활용이 가능하구나!' 라고 받아들여 주셨으면 좋겠습니다.
저는 요리사가 단순히 주방의 인력이 아니라, 예술가, 창작자로 비견할 수 있을 만큼 매우 큰 가능성을 내포한 직업이라고 생각합니다. 전문 요리사도, 취미 요리사도, 가정에서 요리하시는 분들도 이 책의 조리법을 단순한 레시피로만 받아들이지 않고, 다양한 방향성의 근원을 이해해 자신만의 기술을 창조하는 요리사가 되었으면 합니다.

이 책을 함께 집필한 정상길씨와 제이알매니지먼트, 그리고 수비드에 대한 영감을 주는 수비드 전문 업체 주식회사 미띤과 조리백과의 수많은 독자 여러분들께 감사를 전합니다.

추천의 말

교수 김운진

　의식주는 사람의 일생에서 가장 중요한 기본 요건입니다. 요즘처럼 세계적인 팬데믹 현상에서 그 어느 때보다도 개인의 건강과 행복이 중요해졌습니다. 아무리 맛좋은 산해진미라 하더라도 인간은 잡식성이기 때문에 새롭고 신선한 맛을 찾고 탐닉하게 됩니다.

　작가와는 꽤 오래 전 스승과 제자로 만났던 때가 떠오릅니다. 음식을 만드는 셰프, 이 창조적인 직업에 빠진 조리학도로 저와 처음 만났을 때부터 이 친구는 뭔가 다르다는 느낌을 받았습니다. 여느 학생들은 수업시간에 가르치는 요리를 완벽하게 재현하는 데 최선을 다합니다. 하지만 이 친구는 재현을 넘어, 머릿속에서 떠오르는 아이디어를 식재료에 응용해 보고, 마치 실험하듯 조리하곤 했습니다. 물론 전 실험한 음식을 맛보는 기미상궁과 같은 역할도 했습니다.

　요리는 예술이라고 말합니다. 하지만 창의적이고 혁신적인 발상으로 맛과 아름다움을 표현하기 위해서 붓과 캔버스 대신 칼과 조리 도구를 가지고 조리의 세계로 항해하는 이가 얼마나 될까요. 그런 점에서 남의 눈을 의식하지 않고 자신만의 길을 개척하려는 조리계의 선구자적인 면모는 괴팍하지만 상냥하고, 강하지만 인간적이었던 화가 고흐를 닮았다고 생각합니다.

　수비드는 낯설지만 알고 나면 너무나 심플하고 매력적인 요소들을 가지고 있는 영역입니다. 조리 시간에 얽매이지 않고 재료 본연의 맛과 영양을 원하는 분이라면 정말 추천해 드리고 싶은 요리입니다. 물론 백말이 필요 없고, 일단 수비드의 맛을 보면 모든 의심과 오해가 단숨에

풀릴 것입니다.

   바쁜 현대인들은 식사 시간을 확보하기도 어렵고, 영양소가 살아있는 조리법을 실천하기도 어렵지만, 초보자도 쉽게 도전할 수 있고, 셰프들은 자신의 시그니처 메뉴를 창조할 수 있다는 점에서 수비드는 매우 매력적입니다.

   이번에 출간하는 한식과 퓨전 수비드 요리는 주 요리부터 후식과 음료까지 다양한 메뉴에 대한 독특한 접근을 선보이며, 매우 놀랍고 인상적인 개성적 방법론을 시도하는 요리들도 있습니다. 그러나 시대와 환경이 변하면 처음엔 낯설고 불편하게 느껴졌던 일들도 보편적인 감정으로 자리 잡게 됩니다. 음식도 마찬가지입니다. 음식의 기원과 전통적 재료, 기존의 조리법을 무분별하게 파괴하고 폄하한다면 근본을 훼손하는 일이겠지만, 시대의 흐름에 맞게 재해석하는 조리법도 조리의 다양성 면에서 매우 중요하다고 말씀드리고 싶습니다.

추천의 말

작가 정주영

　수비드는 100kg이 넘는 저를 다시 바꾸는 데 힘을 준 기적과도 같은 요리 기술입니다. 1인 가구로 자취하면서 배달 음식으로만 연간 500만 원을 달성할 만큼 요리를 귀찮아했던 제가 수비드를 만나면서 얻은 몸과 정신의 놀라운 변화는 세 가지입니다.

　첫째, 음식 본연의 맛을 마침내 느낄 수가 있습니다. 배달 음식에 길든다는 것은 합성 첨가물과 향신료에 길든다는 말과 같죠. 그러나 수비드는 진공 상태로 가열하기 때문에, 아주 미량의 소금을 넣어도 재료 깊숙이 짠맛이 느껴집니다. 집안에서 요리사 없이 내 손으로 재료의 본연의 깊은 맛을 발견하는 놀라움, 그 놀라운 장점이 수비드의 가장 큰 장점입니다.

　둘째, 혼자서 요리할 때 항상 설익던 고기가 수비드를 만나면 혀에서 살살 익어 내립니다. 1인 가구, 작은 집, 한정된 주방, 이런 공간일 때 수비드는 더 빛을 발하죠. 특히 저에게 고기 요리는 자취러로서 피하게 되는 요리였습니다. 어떻게 구워도 속이 설익거나 다 타 버렸기 때문이고, 작은 집에 꽉 채워진 고기 연기도 덤이었죠. 그런데 수비드로 고기 요리를 해 보시면 수상스러울 만큼 아무런 연기를 내지 않고 조용하고 깔끔합니다. 진공으로 고기를 꽉 붙잡고 진공팩을 물에 동동 태워서 1시간에서 많게는 5시간을 적정 온도로 가열하기 때문이죠. 가열된 친구들은 꺼내서 조금만 후처리해 주시면, 속까지 깊게 익은 스테이크가 완성됩니다. 그 감격은 작은 방에서 탄성이 나올 만큼 잊지 못했고, 저의 저탄고지도 이렇게 시작하게 되었습니다.

　셋째, 다양한 요리법에 모두 응용할 수 있습니다. 압력밥솥을 거쳐야 하는 까다로운 콩요리부터 해산물, 찜, 국물 요리까지 수비드는 어떤 재료든 모든 가능성을 열어 두고 재료 본연의 맛을 진공과 저온 가열로 얻어낼 수 있습니다. 재료에 복잡한 변화를 일으킬 동안 우리가 해야 할 것은 가열 시간만 입력해 두는 것뿐이죠.

여러분에게 추천하기 전에 먼저 저는 책에 나오는 대부분의 레시피를 직접 다 따라해 보았고, 다 감탄했습니다. 그리고 배달 음식을 다시 예전처럼 시켰을 때, 제 혀가 배달 음식의 너무 짠맛에 화들짝 놀라는 모습을 발견하면서 이요리법의 가치를 온전히 깨달았고, 조용히 실천하던 중에 의미있는 추천사를 남길 수 있어 영광스럽습니다. 히포크라테스가 '우리가 먹는 것이 곧 우리 자신이 된다'라고 했는데, 수비드를 시작하면 저 문장에 자신감이 생깁니다. 저는 몇 달간의 수비드 요리법을 통해 왜곡된 혀가 정상으로 돌아오고, 몸무게가 빠지고, 식습관이 개선되는 세 가지 효과를 얻었습니다. 특히 가장 중요한 것은 수비드는 아주 맛있고, 용어의 낯섦과는 다르게 특히 일반인이 시도하기 아주 쉽다는 점입니다. 왜 이 놀라운 요리법이 아는 사람만 아는 요리법인지가 아쉽습니다. 수비드는 내 건강을 수비하는 든든한 요리법입니다. 아무거나 오늘 드시고 싶은 것으로 페이지를 넘겨서 바로 따라해 보세요. 그리고 느끼세요. 그러면 바뀝니다.

저자의 말

외식 산업의 트렌드는 빠르게 변합니다. 조리 기술, 지식, 새로운 조리법, 새로운 시도가 끊임없이 나옵니다. 대중 매체의 영향으로 조리사의 관심과 수요도 증가되고 있습니다.

수비드 이론서인 〈수비드의 정석〉의 원고를 쓴 지 어느새 1년이 지났습니다.

처음 이론서 원고를 쓸 때만 해도 과연 국내에서 수비드 책이, 그것도 이론서가 한국에서 받아들여질 수 있을까? 라는 의문이 있었습니다. 하지만 우려와는 달리 많은 분들의 응원과 격려를 받았고, 결국 무사히 책을 낼 수 있었습니다.

"Cooking is Art, Cooking is Science – 요리는 예술이고, 요리는 과학이다."

이처럼 조리사는 예술가이면서 과학자인 동시에 창조자입니다. 예술이자 과학이자 창조의 영역이 바로 수비드 기법이라 말할 수 있습니다. 수비드는 기본적인 조리 방법을 응용해 음식의 맛, 질감, 형태를 살리는 조리법이기 때문입니다.

이론서를 내면서 독자분들에게 무수한 질문을 받아 왔습니다. 가장 많은 질문은 개별 요리의 조리법입니다. 〈수비드의 정석〉은 이론과 기본에 집중하는 이론서여서 개별 요리를 만드는 조리법은 간단하게만 소개했기 때문에 아쉬움이 남습니다.

이번 책에서는 다양한 요리의 수비드 조리법을 소개합니다. 또한 한식과 접목한 수비드 조리법이 흔하지 않기 때문에 한식과 한식 퓨전 요리를 주제로 삼았습니다.

이번 〈수비드의 정석 KOREAN FOOD〉 편에서는 수비드로는 만들 수 없다고 여겨지던 한식을 수비드 조리법으로 재해석해서 보여드립니다. 또한 첫 번째 책은 이론이 주가 되고 레시피는 시판 재료를 활용하는 단순하고 기본적인 수준에서 수록하였지만, 이번 책은 레시피가 중심이 됩니다.

이 책의 조리법은 전통 한식의 틀 안에서 수비드 조리법을 응용하였지만, 퓨전 한식으로 볼 수 있습니다. 시대의 흐름에 따라 음식의 전통과 정서는 계속 변화합니다. 응용과 새로운 시도를 계기로 앞으로 나아갈 수 있다고 생각하므로, 수비드로 조리한 한식 조리법도 긍정적으로 즐겨 주시면 좋겠습니다.

감사합니다.

2022년 10월
저자 일동

감사의 말 (주)미띤 대표 문상현		**004**
감사의 말 조리백과 대표 임선준		**005**
추천의 말 김운진 교수		**006**
추천의 말 정주영 작가		**008**
저자의 말		**010**

기초 이론 BASIC

수비드 소개	수비드 소개	**016**
	수비드 한식에서 고려 요소	**018**
도구 소개		**022**

레시피 RECIPE

수비드 찜	**030**	
	개성 무 찜	**032**
	우대 갈비 찜	**036**
	전복 찜	**040**
	명란 알 찜	**044**
	간장 떡볶이	**048**
	양배추 쌈	**052**
수비드 전골/찌개/탕/국	**056**	
	김치 전골	**058**
	굴 미역국	**062**
	쇠고기 두부찌개	**066**

감자탕	**070**
토란국	**074**
삼계탕	**078**
떡국	**082**
돼지 국밥	**086**

수비드 전/적 **090**

애호박 전	**092**
동그랑땡	**096**
감자빈대떡	**100**
섭산적	**104**

수비드 반찬 **108**

풋마늘 오징어무침	**110**
장조림	**114**
오이무침	**118**
콩자반	**122**

수비드 구이 **126**

관자불고기	**128**
통 삼겹살	**132**
닭갈비	**136**
떡갈비	**140**

수비드 전통 음료 **144**

식혜	**146**
수정과	**150**
배숙	**154**

수비드 죽 **158**

잣죽	**160**
단호박죽	**164**
팥죽	**168**

기초 이론 BASIC

BASIC PART 1

수비드 소개

수비드Sous vide는 프랑스어로 '진공 아래' 또는 '진공 속에'라는 뜻입니다.
보다 현대적인 의미로서의 수비드는 진공 포장한 음식을 수비드 기계(식품용 항온수조)에 넣어 일반적인 조리법보다 낮은 온도의 물로 일정한 온도에서 가열 조리하는 방식을 뜻합니다.
쉽게 풀어 쓰면 음식 재료를 봉지에 담은 후 밀봉해서 공기 접촉을 차단하고, 정확하게 계산된 온도의 물에 넣어 천천히 가열하는 조리법입니다. 영양소와 맛의 손실 없이 부드럽고 풍미를 살리며 요리하는 조리 기법입니다.

수비드 기법은 오래전부터 각 나라마다 다양한 형태로 활용했습니다. 본격적으로 활용되기 시작한 것은 1960년대 미 항공우주국인 NASA에서인데, 수비드 조리법을 연구해 우주인들의 식품 조리법으로 사용하였습니다. 1970년대에는 프랑스 요리사인 조르주 프랄뤼George Pralus가 최초로 푸아그라를 수비드한 요리를 개발해 선보이기도 하였습니다.
근래에는 미국 요리 프로그램에서 수비드 머신을 이용한 요리들이 많이 나오고, SNS나 유튜브 등을 통해서도 수비드 기법을 활용한 요리들이 소개되었습니다. 수비드가 대중화되면서 수비드를 이용한 레스토랑도 많이 생기고 있습니다.

수비드는 요리와 과학의 만남이라는 점에서 분자요리와 상응한다고 할 수 있습니다. 다만, 분자요리는 급속 동결, 화학적 식품 첨가제 등 전문적인 기구와 재료가 필요한 데 비해, 수비드는 밀봉하거나 밀폐하여 적정한 온도를 유지하면 조리할 수 있기 때문에 수비드는 분자요리 기법보다 훨씬 다양한 방식으로 연구되고 있습니다.

수비드 전용 장비의 가격도 점점 저렴해지고 있습니다. 보급형 수비드 머신은 10만원 이하로 구입할 수 있고, 저렴한 진공 포장기도 시중에서 판매하고 있기 때문에 어렵지 않게 접근할 수 있습니다. 하지만 수비드 역시 과학적인 요리법이기 때문에 각 재료들의 물성을 이해하고, 만들고자 하는 요리의 질감을 고려해 온도와 가열 시간을 잘 계산해야만 성공적인 결과물을 얻을 수 있다는 점을 명심합시다.

수비드 한식에서 고려 요소

주재료와 부재료

한국만큼 다양한 식재료와 향신료를 활용하는 요리는 드뭅니다. 따라서 주재료를 명확히 알고 요리를 준비해야 합니다. 육류, 곡류, 야채 등 한식 요리의 주재료에 따라 수비드에 필요한 온도와 시간이 다르기 때문입니다.

예를 들자면, 주재료가 육류인 경우 육류의 식감을 내기 위한 온도와 시간 설정을 한 다음, 육류 외 부재료들의 전·후 처리를 결정합니다. 메인은 육류이지만 부재료로 야채나 과일 등을 사용한다면 전처리를 통해서 미리 부재료를 조리한 후, 주재료와 같이 수비드 조리할 수도 있고, 수비드 조리 후에 부재료를 추가 가공해서 조리 과정을 완성할 수도 있습니다.

야채나 과일은 육류의 수비드 온도에서는 향이 증폭되고 섬유질이 강화되어 식감 또한 강화될 수 있기 때문에 이러한 부분 등을 유의해서 수비드 조리하실 것을 추천드립니다.

또한 반대로 주재료가 육류가 아니라 야채나 과일이라면, 육류의 수비드 조리 온도보다 높은 온도에서 조리합니다. 이로 인해 육류의 식감이 변할 수 있다는 점은 고려하시는 것이 좋습니다.

수분의 유무

수비드 조리 시 수분의 유무는 결과에 많은 영향을 끼칩니다.

특히 육류의 수비드 조리는 수분이 많아지면 고기 안의 육즙이 외부의 수분으로 배출되면서 부드럽지만 퍽퍽해지는 현상이 생기기도 합니다. 그렇기에 수분이 많은 요리의 수비드 조리는 질감이 유지됩니다.

한식은 수분과 육류를 같이 넣고 조리하는 과정이 많기에 수분량을 정확하게 계산해야 합니다. 또한 수비드는 진공 상태에서에 조리하기 때문에 조리 중 수분이 손실되지 않습니다. 그래서 수분을 넣을 때는 기존 조리법보다 1/3에서 1/2 정도로 줄이는 것을 추천합니다.

양념의 종류

한식은 식재료 본연의 맛과 향을 살리는 데 집중한 요리가 많습니다. 하지만 그에 못지않게 다양한 양념을 사용해서 짠맛, 단맛, 신맛, 쓴맛 그리고 매운맛, 이른바 오미(五味)를 조화롭게 어우러지게 했습니다.

수비드를 하면 본연의 향이 증폭되기 때문에 향신료는 기존 조리법보다 적게 사용하셔야 합니다. 한식의 기존 조리법에서는 조리와 동시에 양념에 열을 가하거나 날것 그대로의 양념을 이용하는 경우가 많은데, 수비드로 조리할 때는 양념을 미리 졸이거나 익혀서 사용합니다.

특히 육류를 조리하는 온도와 야채 및 과일을 조리하는 온도는 전혀 다르기 때문에 육류의 맛과 식감을 최대한으로 이끌어내기 위해서는 양념을 따로 처리해 줘야 합니다. 쉽고 간편하게 조리할 때는 시판 양념을 사용하시거나, 깊은 맛을 내고 싶다면 조금 번거롭더라도 미리 가열해서 열처리를 끝낸 양념을 사용하시는 것을 추천합니다.

탄수화물의 유무

탄수화물이 함유된 재료를 수비드할 때, 대부분의 경우 섬유질은 저하되지 않지만 전분은 호화되고 펙틴은 변성되는 상태에서 조리가 이루어집니다. 기존의 조리법에서는 보통 섬유질 저하, 전분 호화, 펙틴 변성이 복합적으로 동시에 이루어지기 때문에 수비드는 기존 조리법보다 개성이 강하면서도 복합적이고 다양한 식감이 부각됩니다.

육류의 수비드가 부드럽고 쫄깃한 식감에 중점을 둔 조리법이라면, 야채와 과일의 수비드는 일괄적이면서도 다양성을 가지며 복잡하면서도 단조로운, 재미있는 조리법입니다.

문제는 한식에서는 다양한 야채들이 육류와 혼합되어 사용되고 있다는 점입니다. 그래서 야채와 육류를 따로 따로 수비드한 후, 혼합해야 합니다.

필자는 번거롭고 복잡한 한식의 레시피에 의문을 가지고 한식 수비드 조리법을 개발해 왔습니다. 오랜 연구 끝에 내린 결론은 부재료의 경우 간단한 전처리나 후처리를 하고, 수비드 온도와 시간은 주재료에 맞춰서 조리하는 레시피였습니다. 온도와 시간을 최대한 일괄적으로 맞춰 조리해야 많은 분들이 편하고 효율적으로 조리하실 수 있기 때문입니다.

특히 탄수화물이 함유된 재료는 전분이 호화되지 않고 단백질은 조리되도록 조리법을 작성하였습니다. 탄수화물이 들어 있건 들어 있지 않건 간편하게 요리를 만들 수 있도록 하려는 필자의 의도입니다.

소금의 유무

소금은 향을 내는 휘발성 분자를 분해합니다. 수비드 조리 시 소금을 조금이라도 넣으면 야채 특유의 불쾌한 향과 맛이 제거되는 효과가 있습니다. 염도가 높은 양념을 사용할 때도 적은 양의 소금을 따로 넣으면 별도로 조리하지 않아도 잡내를 잡을 수 있습니다.

일반적인 조리법으로 야채를 데칠 때는 소금물을 사용하는 경우가 많은데 이는 소금물을 쓰면 삼투압 효과로 탈수되기 때문입니다. 맛도 보존되고 색감도 또렷해지는 장점 외에도 야채 특유의 쓴맛과 풋내를 제어할 수 있습니다.

찜이냐 탕이냐 국이냐 찌개냐! 그것이 문제로다

한식은 수분의 양과 재료의 형태에 따라서 찜, 탕, 국, 찌개로 구별할 수 있습니다.
찜은 가열된 수증기로 식재료를 익히는 요리입니다. 즉 물을 간접적으로 사용한 조리법입니다. 하지만 한식에서는 국물을 최소한으로 한 서양식 스튜 같은 요리들도 찜이라고 부릅니다. 갈비찜이 그 예입니다.
이런 요리는 수비드로 쉽게 개량할 수 있는 한식입니다. 양념을 최대한 수분 없이 졸인 후, 재료에 섞어 수비드 조리만 하면 끝나기 때문입니다.
찌개, 탕, 국 역시 동일합니다. 수분의 양을 적절하게 조절한 후 수비드하면 좋은 결과를 얻을 수 있습니다. 좀 더 자세한 내용은 레시피 챕터를 보시며 직접 만들어 보시는 것을 추천드립니다.

수비드 후 보관

수비드에서 보관을 위한 칠링은 매우 중요합니다.
특히 한식 수비드는 기존의 수비드에 비해 칠링이 애매하게 느껴질 수도 있고, 재료를 혼합해서 사용하기 때문에 더욱 중요합니다.
이 책에서 소개된 모든 조리법은 모두 저온 살균합니다. 그래서 칠링 후 보관하면서 혐기성 구균의 번식을 잘 억제해야 합니다. 칠링 방법은 진공을 유지한 상태에서 흐르는 찬물이나 얼음물에 넣어 20~30분 정도 기다린 후, 냉장 보관합니다.
야채 수비드에서 가장 우려되는 식중독은 보툴리눔입니다. 산소가 없어도 증식하고 열에도 강한 보툴리누스균이 증식하는 최적 온도는 10℃~49℃입니다. 그러나 80℃ 이상으로 살균 시 사멸합니다. 수비드 야채는 주로 85℃로 조리하고, 다른 식재료들은 60~80℃에서 조리하기 때문에 칠링 과정만 지켜 준다면 보툴리눔을 걱정할 필요는 없습니다.

수비드 머신

일체형 수비드 머신

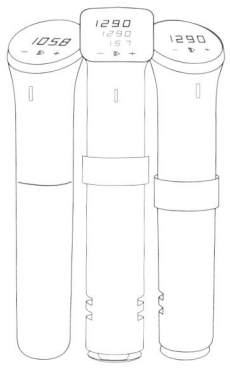

스틱형 수비드 머신

수비드 한식에서 가장 핵심적인
조리 도구입니다.
식재료를 조리하는 온도를 고정하고
쭉 유지시켜 원하는 식감으로 조리하거나
음식의 가향(인퓨징)을 도와 줍니다.
수비드 머신에서 가장 중요한 요소는
온도의 정밀도 및 내구성입니다.

가정용 진공기

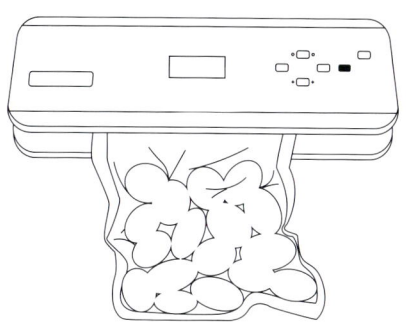

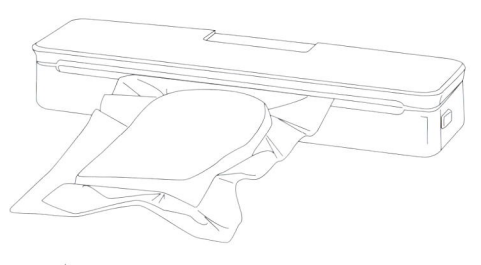

수비드를 조리할 때 식재료와 물이
직접 접촉하지 않으면서도 물의 온도를
골고루 전달할 수 있도록 합니다.
가정용 진공기에서 가장 중요한 요소는
내구성과 사용의 편의성입니다.

진공 팩

진공 팩은 진공기와 함께 사용되는 가장 중요한 소모품입니다.
진공기가 없는 경우 플라스틱 랩이나 지퍼 백으로 대체할 수도 있지만
요리의 완성도와 보관을 생각했을 때 가급적 진공 팩을 사용하시는 것이 좋습니다.

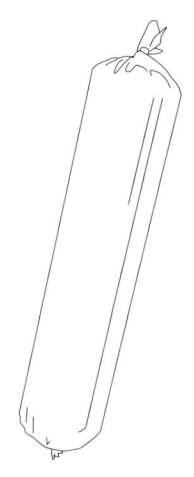

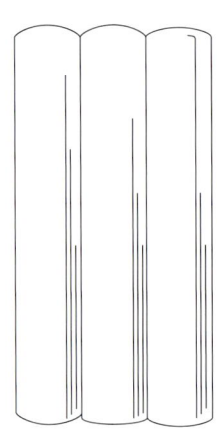

봉투형 진공 팩

시중에서 쉽게 구할 수 있는 진공 팩입니다.
조금씩 구매할 수도 있어 편리합니다.
다만 대부분 규격이 일정해서 소포장할 때 공간이 남을 수 있고 대용량이나 액체를 진공 처리할 때는 공간이 부족할 수 있습니다.

롤형 진공 팩

롤 형태로 되어 있어서 필요한 만큼 잘라서 사용할 수 있습니다.
양쪽으로 밀봉해야 하고 매번 잘라서 사용해야 하는 번거로움이 있지만, 소량을 포장할 때도 액체나 대용량 재료를 진공 처리할 때도 원하는 만큼 길이를 조절해서 사용할 수 있습니다.

원형 팩

별도의 진공기 없이 진공 처리할 수 있으며, 반죽 형태로 된 재료의 모양을 잡아 주기 좋습니다.
단점은 끝을 묶어서 밀봉하는 방식이라서 수비드 조리 도중 밀봉이 풀릴 수 있다는 점입니다.
단단히 처리하기 위해서는 스트랩으로 묶는 편이 좋습니다.
아무리 밀봉을 잘하더라도, 재료가 어느 정도 익으면 팩이 물 위로 올라갈 수 있으므로 주의해야 합니다.

냄비, 뚝배기

국물이나 수분이 있는 음식을 마무리할 때 사용합니다.
수비드 자체만으로는 국물 요리나 죽 같은 음식을 마무리하기 어렵기 때문에 한번 끓여 주거나 농도를 진하게 만들 때 사용합니다.

팬

수비드 조리를 마무리한 뒤 색을 내거나 구워서 열을 추가로 올리는 용도에 적합합니다. 전과 같은 음식을 기름에 부칠 때도 좋습니다.

토치

가장 편하게 색과 불맛을 줄 수 있는 조리 도구입니다. 익숙해지면 수비드 조리의 마무리 과정을 가장 표현하기 좋은 용도입니다.

석쇠

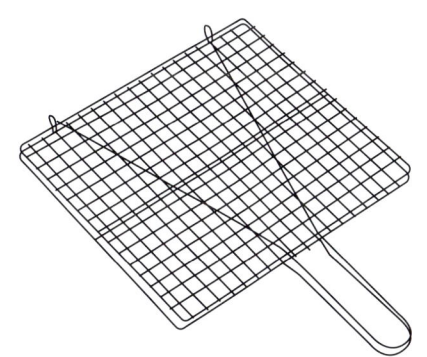

한식의 적이나 떡갈비 같은 음식을 직화로 마무리하기 좋은 도구입니다.
석쇠 특유의 자국이 남기 때문에 음식에 장식성을 더하는 용도로도 좋습니다.

에어프라이어

근래에 와서 많은 인기를 얻고 있는 조리 도구입니다. 기름기 없이 열을 골고루 전달할 수 있습니다. 오븐형태의 에어프라이어가 수비드 조리 시 편합니다.

오븐

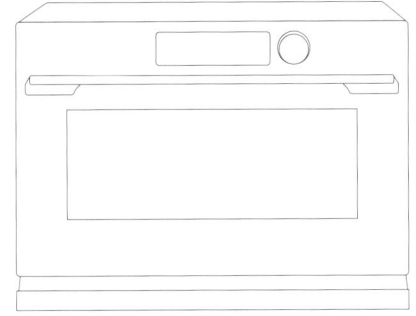

가장 보편적이고 전문가가 아닌 분들도 사용하기 편한 가열 도구입니다. 수비드 조리가 끝난 음식에 색을 내거나 보온을 유지하는 데 좋습니다.

체

수비드한 액체의 건더기를 따로 보관하거나 버려야 할 때 사용합니다.
또한 국물류 수비드 요리를 할 경우 다시 끓일 때 위에 뜬 불순물을 거르기에 좋습니다.

삼베 주머니

액체류에서 체로 거를 수 없는 미세한 불순물을 거르는 용도나 별도 보관할 재료를 보존하는 용도로 사용됩니다. 삼베 주머니를 구하기 어렵다면 임시방편으로 페이퍼 타월을 겹쳐서 필터로 사용할 수도 있습니다.

전기밥솥

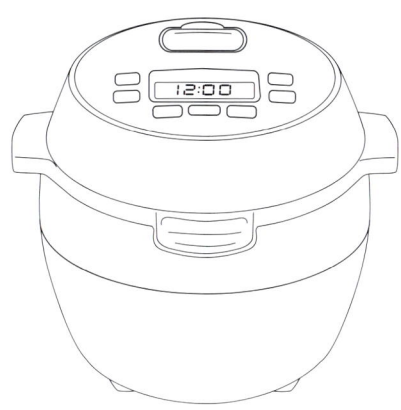

수비드 조리하지 않은 쌀을 별도로 준비할 경우 사용되는 도구입니다. 수비드로 조리할 때는 수분이 잘 보존되는 편이기 때문에 고두밥을 짓는 것이 좋습니다.

강판, 믹서

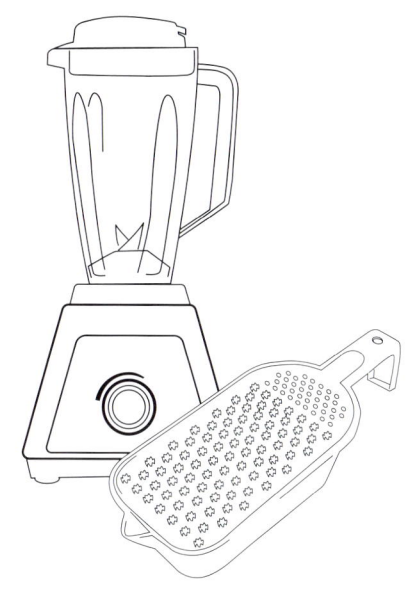

수비드에 사용하는 재료들을 곱게 갈거나 수비드 조리 후 부드럽게 처리할 때 사용합니다. 믹서보다 강판이 굵게 갈리기 때문에, 씹는 맛을 강조하는 재료는 강판을 사용하면 좋습니다.

레시피 RECIPE

RECIPE PART 1

수비드
찜

한식에는 다양한 종류의 찜이 있습니다.

재료 본연의 맛을 살리기 위해 증기만을 사용해서 식재료를 익히는 찜부터 섬세하고 부드러운 맛과 식감을 표현하기 위해서 중탕으로 익힌 계란찜까지 가열한 수분을 사용하는 방법에 따라 조리 방법과 결과가 다양합니다.
한식에서의 찜은 단순히 증기로 익힌 음식만을 말하지 않습니다. 자작한 국물로 끓여 촉촉하고 부드러운 맛을 살린 갈비찜처럼 여러 가지의 방식의 요리가 있습니다. 수비드로 만드는 찜 요리는 단순하게 재료나 조리법만을 차용하는 게 아니라 영양소는 최대한 보존하면서 각 재료들의 섬세한 맛과 부드러움을 살려 보았습니다.

수비드 찜 요리의 장점은 다음과 같습니다.
수비드는 모든 재료를 진공 포장해 조리하기 때문에 영양소의 파괴 및 손실이 기존의 찜 요리에 비해서 적은 편입니다. 그리고 자체 수분만을 이용해서 조리하기 때문에 맛과 향이 좀 더 풍부하고 깊습니다. 육류의 경우 기존 찜보다 더 부드럽고 촉촉한 육질을 살릴 수 있고, 과채류의 찜은 자체 수분으로 충분히 부드러우면서도 아삭한 식감을 색다르게 살릴 수 있습니다.

반면 수비드 한식 찜의 단점도 있습니다. 주 조리 온도가 각각 다른 식재료를 혼합해서 사용할 때, 주재료의 온도와 시간을 기준으로 수비드 조리하다 보면 부재료의 특성을 살리지 못합니다. 주재료, 부재료 모두 맛있게 조리하기 위해서는 각각 조리한 후 혼합해야 해서 번거롭습니다. 하지만 이렇게 요리하면 주재료와 부재료의 특성이 아주 잘 살아나 일반적인 찜 요리와는 다른 느낌의 요리가 탄생합니다.
이렇게 재료를 혼합해 사용하는 경우를 제외하면 수비드 찜 요리는 기존 찜보다 단순하고 간편합니다. 많은 장점이 단점을 상쇄해 주기 때문에 수비드 찜 요리는 가정에서, 또한 식당에서도 도전해 볼 만한 조리법입니다.
책에서 소개하고 있는 재료와 양념 외에도 다양한 재료를 추가해서 응용하고 개선할 수 있습니다.
수비드 우대 갈비찜은 주재료를 LA갈비나 돼지갈비로 변경해도 됩니다. 명란 알 찜은 물과 달걀의 비율을 바꾸면 식감이 달라집니다. 좋아하는 식감을 찾고 싶다면 비율을 다양하게 바꿔가며 만들어보시길 바랍니다. 추가 재료도 다양하게 변경해봅시다.
다양하게 시도하는 만큼 개성이 살아나는 수비드 한식 찜 요리로 나만의 찜을 만들어봅시다.

개성 무 찜

RECIPE 1 **혼합육**

개성 무 찜은 개성 종 갈비찜이라고도 불립니다.
개성의 종갓집에서 경사스러운 날이면 손님들에게 대접하던 전통 요리입니다.
바다, 육지, 공중의 모든 고기(닭고기, 돼지고기, 쇠고기, 꿩고기)가 들어가고
완전한 영양소를 이루기 때문에 임금님 수랏상에 올리는 궁중음식이기도 합니다.
수비드를 통해서 더 깊고 조화로운 맛을 내는 개성 무 찜을 살려 보았습니다.

재료

무 1개
닭고기 150g
쇠고기(사태) 150g
표고버섯 1개
밤 5개
대추 4개
은행 20개

양념장

간장 50g
설탕 30g
다진 마늘 10g
깨소금, 후추, 참기름 약간
물 100g

가니싱

호두, 잣

수비드 시간

12시간 ~ 20시간

수비드 온도

65℃

도구·장비

수비드 머신, 냄비

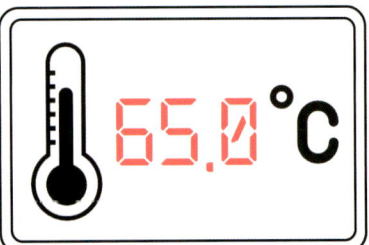

❶ 수비드 머신을 65.0℃로 예열합니다.

❷ 무, 표고버섯, 밤, 은행, 대추는 다듬어서 양념장과 함께 졸인 후 식힙니다.

❸ 진공 팩에 양념장과 닭고기, 쇠고기를 넣고 진공 상태로 만듭니다.

❹ 수비드 머신에서 12시간 이상 조리합니다.

⑤ 완성된 무 찜을 한번 끓인 후 호두, 잣으로 장식해 줍니다.

TIP 쇠고기 사태 외에도 갈비나 돼지 목살도 좋은 재료가 됩니다.
조리법의 온도와 시간은 사태의 식감을 부드럽게 만들기 위한 기준점입니다.
사태가 아닌 다른 고기를 사용힌다면 온도와 시간을 단축시키세요.
양념장은 시판되는 갈비찜 소스를 사용하셔도 무방합니다.

유튜브로 보는
개성 무 찜

우대 갈비찜

RECIPE 2 **쇠고기**

모든 사람이 좋아하는 한국 전통 메뉴 갈비찜을 수비드로 조리하는 레시피입니다.
최근 유행하는 우대 갈비를 사용해서 트렌디하게 재해석하였습니다.
갈비의 씹는 맛을 느끼고 싶으면 8시간,
뼈의 근막까지 부드럽게 뜯고 싶으면 12시간 이상 조리하세요.

재료
우대 갈비 2000g

양념장
간장 120g
설탕 30g
다진 마늘 30g
다진 파 100g
깨소금 30g

참기름 30g
후추 약간
배즙 또는 간 배 200g
맛술 60g
설탕 45g
대추 10개

가니싱
생 와사비

수비드 시간
8시간 ~ 24시간

수비드 온도
58℃

도구 · 장비
수비드 머신, 토치, 냄비

① 수비드 머신을 58.0℃로 예열합니다.

② 우대 갈비의 핏물을 뺀 후 물기를 닦고 갈비에 칼집을 냅니다. 양념장의 재료들을 전부 소스 팬에 담고 1/2로 졸여서 식힙니다.

③ 진공 팩에 양념장과 우대 갈비를 넣고 진공 상태로 만듭니다.

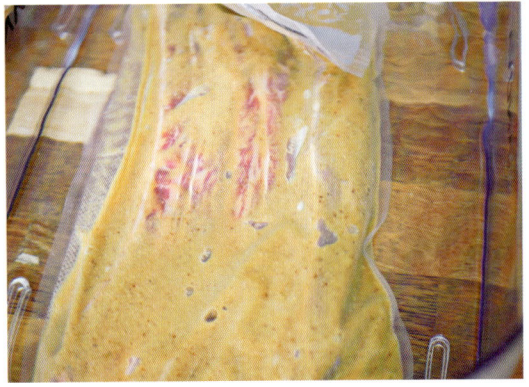

④ 수비드 머신에서 8시간 이상 조리합니다.

❺ 완성된 우대 갈비를 한 번 더 굽고 생 와사비와 함께 냅니다.

TIP 뼈가 포함된 고기를 조리할 때는 수비드 종료 후 뼈 부위에 집중적으로 열을 가해 주세요.
깨소금의 뒷맛이 텁텁하게 느껴지는 분은 뿌리지 않아도 무방합니다.
양념장은 1/2이나 3/4 정도로 졸여 주세요. 조리 과정에서 발생한 육즙과 양념은
따로 졸여서 갈비에 얹거나 소스로 활용하면 좋습니다.
양념장은 시판 갈비찜 소스를 사용하셔도 됩니다.

유튜브로 보는
우대 갈비찜

전복찜

RECIPE 3 **전복**

전통적인 전복찜도 수비드를 통해 풍미를 살릴 수 있습니다.
부드러우면서도 쫄깃한 식감의 전복이지만
잘못 조리하면 자칫 질겨질 수 있습니다.
수비드를 이용하면 기존 전복 요리보다 쉽고 편하게 조리할 수 있습니다.

재료
전복 3개(大)
목이버섯 50g

가니싱
잣

양념장
간장 30g
맛술 10g
설탕 20g
다진 마늘 10g
다진 생강 2g
후추, 참기름

수비드 시간
2시간

수비드 온도
80℃

도구·장비
수비드 머신

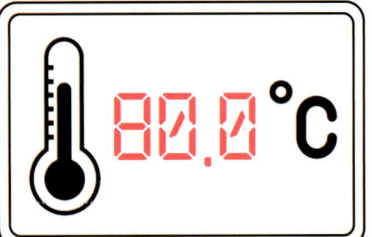

❶ 수비드 머신을 80.0℃로 예열합니다.

❷ 양념장을 졸인 후 식힙니다.
전복은 내장을 제거해 줍니다.

❸ 진공 팩에 양념장, 전복, 목이버섯을 넣고 진공 상태로 만듭니다.

❹ 수비드 머신에서 2시간 조리합니다.

❺ 완성된 전복찜을 담고 양념과 잣을 뿌려서 완성합니다.

TIP 전복 껍질을 소금물에 끓이고 깨끗이 씻은 다음 요리 장식으로 사용하면 좋습니다.
양념장 재료는 졸이지 않고 그대로 사용해도 좋습니다.

유튜브로 보는
전복찜

명란 알찜

RECIPE 4 **달걀**

수비드 조리법으로 최대한 단순하고 편하게 만드는 명란 알찜입니다.
전자레인지로 만드는 알찜만큼 간편하지만,
훨씬 고급스럽고 부드러운 맛을 낼 수 있고, 완성된 형태도 아름답습니다.
물의 양으로 알찜의 식감을 조절할 수 있습니다.

재료
달걀(전란) 200g
물 150ml
명란젓 30g
소금 2g(취향)

가니싱
무순, 참기름, 깨

수비드 시간
1시간

수비드 온도
80℃

도구·장비
수비드 머신

① 수비드 머신을 80.0℃로 예열합니다.

② 물과 달걀을 부드럽게 풀고 명란젓도 알알이 풀어 놓습니다.

③ 원형 팩을 사용해 진공 포장합니다.

④ 수비드 머신에서 1시간 조리합니다.

❺ 완성된 달걀찜을 용기에 담은 후
   무순, 참기름, 깨를 올려 장식해 줍니다.

TIP 속재료는 취향대로 다양하게 넣어도 좋습니다.
섞을 때 거품을 지나치게 많이 내면 수비드 조리 동안 거품이 사라지면서
형태가 망가질 수 있습니다. 속재료가 바닥으로 가라앉을 수 있습니다.
형태를 잡을 때 이 두 가지 점을 주의해 주세요.

유튜브로 보는
명란 알찜

간장 떡볶이

RECIPE5 **떡**

임금님의 수라상에 오른 궁중 떡볶이는 고추장을 사용하지 않고 만들었다고 해서
'간장 떡볶이'라고도 불립니다.
수비드 떡볶이는 냉장실에서도 떡이 불지 않아 장기간 보관 가능하고
물 조절을 하지 않아도 손쉽게 조리할 수 있다는 장점이 있습니다.
식어도 맛있게 먹을 수 있는 수비드 간장 떡볶이를 즐겨 보세요.

재료
흰떡 300g
쇠고기 100g
당근 50g
표고 3개
대파 50g
물 200ml

양념장
양념장
간장 50g
설탕 35g
다진 마늘 10g
참기름 약간

가니싱
깨, 잣

수비드 시간
30분

수비드 온도
55℃

도구·장비
수비드 머신, 토치,

❶ 수비드 머신을 55.0℃로 예열합니다.

❷ 양념장 재료, 채썬 당근, 슬라이스한 표고, 어슷하게 썬 대파를 넣고 볶습니다.

❸ 진공 팩에 떡, 쇠고기, 물, 양념 야채를 넣고 진공 상태로 만듭니다.

❹ 수비드 머신에서 30분 동안 조리한 후 찬물에서 칠링합니다.

⑤ 봉지에서 꺼내서 중간불에서 2분 이상 가열합니다. 그릇으로 옮겨 담고 깨와 잣으로 장식해 줍니다.

TIP 밀떡을 사용하는 것이 좋지만 다른 떡을 쓰셔도 괜찮습니다.
물의 양을 정확히 지키는 것이 포인트입니다.
수비드 떡볶이는 조리 시간이 비교적 짧고, 냉장 상태로 장기간 보관할 수 있고
식은 후에도 식감이 쫄깃합니다.

유튜브로 보는
간장 떡볶이

양배추 쌈

RECIPE 6 **양배추**

채소의 수분만으로 조리하는 수비드 양배추 쌈입니다.
부드러우면서도 아삭한 식감이 살아 있어서 풍미가 좋습니다.
또한 영양소의 파괴가 거의 없기 때문에 영양적으로도 매우 좋은 요리입니다.
소금을 넣으면 양배추 특유의 쌉쌀한 향과 맛을 제거할 수 있습니다.

재료
양배추 1/2개
소금 1g
밥 1공기
참기름 2g

양념장
쌈장

가니싱
깨

수비드 시간
1시간

수비드 온도
90℃

도구·장비
수비드 머신

❶ 수비드 머신을 90.0℃로 예열합니다.

❷ 양배추를 한 잎씩 떼어서 가운데 굵은 심은 제거한 후 소금과 참기름을 발라 둡니다.

❸ 진공 팩에 양배추를 최대한 넓고 평평하게 펴서 넣습니다.

❹ 수비드 머신에서 1시간 조리합니다.

⑤ 양배추에 밥과 쌈장을 넣고 둥글게 만 다음 깨를 뿌려 완성합니다.

TIP 양배추의 굵은 심을 따로 제거하기 번거롭다면 양배추를 반으로 잘라서 쓰세요.
양배추만이 아니라 다른 쌈 채소나 샐러드로도 만들 수 있습니다.
수비드로 조리하면 삶은 양배추 특유의 불쾌한 향은 사라지고
단맛과 풋풋한 양배추의 향이 증가합니다.

유튜브로 보는
양배추 쌈

RECIPE PART 2

수비드
전골/찌개
탕/국

전골, 찌개, 탕, 국…. 한식에서의 국물 요리를 부르는 용어는 정말로 다양합니다.
하지만 국물 요리를 분류하는 방법은 생각 보다 단순하면서도 미묘합니다.
예를 들어 찌개와 국의 가장 큰 차이점은 국물의 양입니다. 국물이 많으면 국, 상대적으로 국물이 적으면 찌개입니다.

전골과 찌개, 국의 차이점은 전골은 여러 재료를 담아서 함께 끓이는 것이 전골이라고들 합니다. 하지만 찌개나 국에도 이미 여러 종류의 재료들이 들어가기에 분류법이 정확히 지켜지지는 않습니다.
그렇다면 수비드가 접목된 한식의 국물 요리는 기존의 조리법과는 어떻게 다르고, 어떤 장점을 가지고 있을까요?

우선 수비드로 국물 요리를 하면 수분이 증발하지 않기 때문에 기존 조리법보다 적은 양의 수분과 재료가 가지고 있는 수분만으로도 국물을 낼 수 있습니다. 그래서 재료 본연의 맛이 희석되거나 바뀌지 않으면서도 조화롭게 깊은 맛을 낼 수 있고, 별도의 첨가물 없이도 맛을 살릴 수 있습니다. 영양소의 파괴도 적은 점 역시 큰 장점입니다. 반면 기존의 국물 요리와 달리 수분이 증발하지 않기 때문에 기존의 조리법보다 세밀하게 수분의 양을 조절해야 합니다. 필자는 여러 차례 실험을 거쳐 물의 양을 최적으로 맞추었고, 정확한 계량을 레시피에 기재하여 독자들의 번거로움을 최소화시키려고 노력했습니다.

수비드 국물 요리의 가장 큰 장점은 국물이 졸아들거나 탈까 봐 걱정하지 않아도 된다는 점입니다. 계속 불 앞에서 대기하지 않아도 되기 때문에 보다 간편하게 조리할 수 있으며 보관 또한 용이합니다. 수비드 국물 요리는 별도의 열처리가 필요하지 않습니다. 기존의 한식처럼 뜨겁게 드시고 싶은 분들이 많을 것을 감안해서 레시피의 마무리는 항상 한 번 더 끓여 주는 과정이 있습니다. 이것은 어디까지나 한국인의 취향을 반영한 추가 과정일 뿐이기에 생략하셔도 됩니다.

김치 전골

RECIPE 7 **돼지**

한국인들이 좋아하는 김치찌개를 수비드로 조리하며 전골 형태로 완성하였습니다.
시원하고 칼칼한 국물과 부드럽고 씹는 맛이 좋은 돼지갈비,
그리고 묵은지의 조화로움이 일품입니다.
조리과정에서 냄새도 나지 않아 환기에 걸리는 시간도 짧습니다.

재료

묵은지 300g

돼지갈비 300g

미나리 50g

떡 100g

두부 1모

대파 50g

생강 5g

물 150ml

양념장

고춧가루 20g

다진 마늘 10g

다진 생강 2g

간장 30g

후추 0.5g

참기름 5g

가니싱

깨

수비드 시간

6시간

수비드 온도

65℃

도구·장비

수비드 머신, 냄비

① 수비드 머신을 65.0℃로 예열합니다.

② 생강을 넣은 물에 돼지갈비를 2분 정도 데친 후 물기를 제거해 줍니다.

③ 김치, 갈비, 양념장을 같이 넣고 진공 포장해 줍니다.

④ 수비드 머신에서 6시간 조리합니다.

❺ 완성된 김치찜을 떡, 두부, 대파, 미나리 등과 같이 냄비에 잘 담은 후에 물을 붓고 중불로 한소끔 끓여서 완성합니다.

TIP 단순한 묵은지 찜을 만들 때는 수비드 시간을 두 배로 늘리고 소금을 약간 넣습니다.
김치의 양과 갈비의 양은 취향에 따라 자유롭게 조절해 주세요.

유튜브로 보는
김치 전골

굴 미역국

RECIPE 8 **미역**

영양소가 가득한 겨울철 별미 굴 미역국을 수비드로도 만들 수 있습니다.
온도에 따라 굴의 식감과 향이 조금씩 차이가 나니 취향대로 만들 수 있습니다.
영양소의 파괴를 막고 향긋한 바다내음을 살려 깊은 맛을 내는
수비드 굴 미역국을 즐겨 봅시다.

재료

건미역 10g

생굴 100g

다진 마늘 10g

조개 다시다 5g

참기름 20g

국 간장 10g

후추 약간

물 500ml

수비드 시간

각각 30분

수비드 온도

55℃ 또는 60℃

도구·장비

수비드 머신, 냄비

① 수비드 머신을 60.0℃로 예열합니다.

② 미역을 충분히 불린 후 물기를 제거합니다. 참기름, 후추, 간장, 다진 마늘, 다시마를 넣고 약 5분정도 볶아서 식힙니다.

③ 진공 팩에 미역, 물, 굴을 넣고 진공 포장을 합니다.

④ 수비드 머신에서 30분 조리합니다.

❺ 완성된 미역국을 냄비에서 끓여 뜨거운 상태로 냅니다.

TIP 냉동굴을 해동해서 사용하는 경우는 해감해서 불순물을 최대한 제거해 주세요.
55℃~60℃에서 저온 살균이 이루어지기에 노로바이러스는 크게 걱정하지 않아도 됩니다.

유튜브로 보는
굴 미역국

쇠고기 두부찌개

RECIPE 9　**쇠고기**

일반적인 한국의 간편 가정식 찌개를 수비드로 조리하면서
부드럽고 깊은 맛을 더욱 살렸습니다.
이 레시피는 춘천의 김가리 여사님께서 만드신 한국식 가정용 조리법이며,
사전에 허가를 구하고 수비드 방식으로 개량하였습니다.

재료
쇠고기 300g(불고깃감)
양파 200g
두부 1모
대파 1뿌리
물 300ml

양념장
참기름 10g
고춧가루 20g
액젓 10g
다진 마늘 20g
쇠고기 다시다 5g

수비드 시간
1시간

수비드 온도
55℃

도구·장비
수비드 머신, 냄비

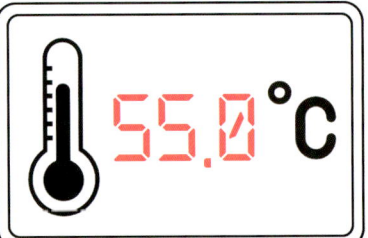

❶ 수비드 머신을 55.0℃로 예열합니다.

❷ 대파와 양파는 채친 뒤 양념장과 함께 볶은 후 식힙니다.

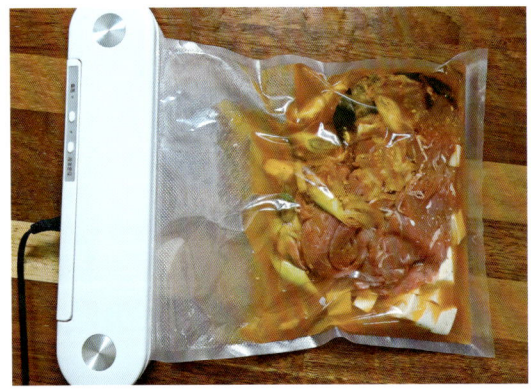

❸ 진공 팩에 쇠고기, 양념장, 물, 두부를 넣고 진공 포장을 합니다.

❹ 수비드 머신에서 1시간 동안 조리합니다.

❺ 냄비에 넣고 한번 끓인 후 부추로 장식해서 제공합니다.

TIP 레시피에서는 새우 액젓을 사용했지만 멸치 액젓도 괜찮습니다.
액젓 특유의 향이 싫다면 국 간장으로 대체해도 좋지만 감칠맛은 조금 떨어집니다.
야채를 볶기 번거롭다면 모양만 다듬어서 모든 재료를 바로 진공 포장해서 수비드해도
무방합니다. 수비드 국은 기존의 조리법과 큰 차이가 있지는 않으나,
좀 더 깊은 맛과 어우러지는 향을 느낄 수 있으며 밀봉한 채 보관했다가
식사 전에 한 번만 끓이면 되기 때문에 캠핑에서 먹기 좋습니다.

유튜브로 보는
쇼고기 두부찌개

감자탕

RECIPE 10 **감자**

돼지 등뼈가 듬뿍 들어가 구수하고 시원한 감자탕입니다.
수비드 기법을 사용해서 감자탕을 만들면 더욱 진하고 깊은 국물맛을 낼 수 있습니다.
감자는 모양이 그대로 유지되면서도 부드럽고 특유의 향이 증폭됩니다.
국물의 담백한 맛이 좋다면 2시간, 부드러운 고기를 좋아한다면 4시간 조리합니다.

재료

돼지 등뼈 1500g
붉은 고추 2개
감자 300g
대파 1뿌리
쑥갓 3잎
소금 5g
다진 마늘 20g
생강 5g
후추 약간
육수 500g
쇠고기 다시다 5g

가니싱

들깨가루, 깻잎

수비드 시간

2시간 ~ 4시간

수비드 온도

85℃

도구·장비

수비드 머신, 냄비

① 수비드 머신을 85.0℃로 예열합니다.

② 돼지등뼈와 얇게 썬 생강을 넣고 찬물에서 한번 끓인 다음 찬물에 헹궈 물기를 제거해 줍니다.

③ 진공 팩에 모든 재료를 넣고 진공 상태로 만듭니다.

④ 수비드 머신에서 2시간 이상 조리합니다.

❺ 냄비에 넣고 한소끔 끓인 후 들깨가루와 깻잎으로 장식합니다.

TIP 전통 한식 양념을 바탕으로 만든 조리법이라 현대인 입맛에는 담백하게 느껴질 수 있습니다. 강한 맛을 원하실 경우 평소 사용하는 양념을 사용하세요.
대파나 쑥갓은 수비드 조리가 끝난 후 끓일 때 넣으면 장식 효과를 낼 수 있습니다.

유튜브로 보는
감자탕

토란국

RECIPE 11 **토란**

추석의 별미, 고소하고 특별한 음식인 토란국을 수비드로 만들어 보았습니다.
수비드 조리법으로 토란을 조리하면 토란의 영양은 온전히 보전되고,
특유의 미끈한 성분은 배출되지 않아서 국물이 깔끔합니다.
잘 익은 토란과 쫄깃한 쇠고기의 맛을 함께 즐길 수 있는 요리입니다.

재료
쇠고기 100g(양지)
토란 300g
대파 50g
물 350ml

가니싱
부추

양념장
국간장 10g
후추 약간
참기름 2g
쇠고기 다시다 3g
다진 마늘 5g

수비드 시간
2시간

수비드 온도
85℃

도구·장비
수비드 머신, 냄비

❶ 수비드 머신을 85.0℃로 예열합니다.

❷ 토란은 소금물에 데쳐서 껍질을 까 둡니다.

❸ 토란, 쇠고기, 양념장, 대파, 물을 넣고 진공 상태로 만듭니다.

❹ 수비드 머신에서 2시간 조리합니다.

⑤ 완성된 토란국을 냄비에 넣고 끓인 다음 부추로 장식해 줍니다.

TIP 쇠고기 무국을 만들 때는 토란 대신 무를 넣습니다.

무도 토란과 동일하게 소금물에 한번 데쳐서 사용합니다.

껍질을 벗긴 후에도 한 번 더 소금물에 살짝 데치면 토란 특유의 미끈함이 완전히 제거됩니다.

유튜브로 보는
토란국

삼계탕

RECIPE 12 닭

여름철 보양식 삼계탕도 수비드로 만들 수 있습니다.
약재를 넣지 않고 대추, 마늘, 수삼만으로도 삼계탕 특유의 향과 맛이
진하게 올라오는 것이 특징입니다. 수비드 조리로 완성한 삼계탕은
기존 조리법의 삼계탕보다 부드럽고 쫄깃한 식감과 농후한 맛을 자랑합니다.

재료
닭(영계) 1마리(500g)
대추 5개
찹쌀 100g
통마늘 50g
수삼 1뿌리
소금 3g
후추 약간
물 300ml

가니싱
쪽파

수비드 시간
6시간 ~ 8시간

수비드 온도
65℃

도구·장비
수비드 머신, 밥솥, 냄비

❶ 수비드 머신을 65.0℃로 예열합니다.

❷ 찹쌀에 다듬은 대추, 수삼, 통마늘을 넣고 꼬들꼬들한 밥을 지은 후 닭 안에 채워 넣습니다.

❸ 진공 팩에 물, 닭, 소금, 후추를 넣고 진공 포장을 합니다.

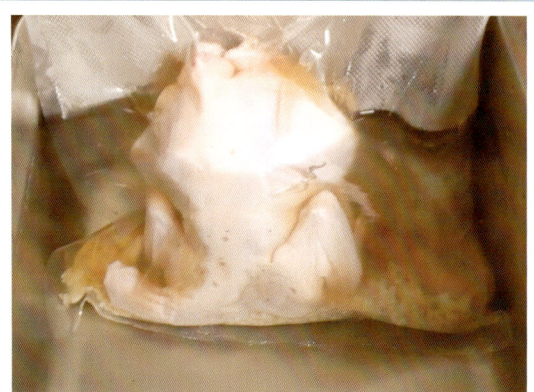

❹ 수비드 머신에서 6시간 이상 조리합니다.

❺ 냄비에 담은 뒤 한 번 끓이고
쪽파를 올려서 냅니다.

TIP 처음부터 쌀을 넣고 조리하는 방법은 추천하지 않습니다.
쌀의 수비드 온도인 80℃ 이상에서 장시간 조리하면 육질이 떨어지고
쌀 특유의 신맛이 강해집니다. 찹쌀은 전기밥솥에서 '백미쾌속' 모드로 지으면 좋습니다.
국물이 많은 삼계탕이 좋다면 냄비에서 끓일 때 수분을 추가하면 됩니다.

유튜브로 보는
삼계탕

떡국

RECIPE 13 떡

최소한의 재료로 본연의 맛을 살린 수비드 떡국입니다.
장기간 보관해도 떡이 퍼지지 않아서 냉장 보관할 수 있습니다.
식은 후에도 쫄깃한 식감이 유지되는데, 떡이 퍼지지 않도록 하기 위해
쌀의 함량이 너무 높지 않고 글루텐이 들어 있는 떡을 사용해 주세요.

재료

떡국 떡 200g

다진 쇠고기 100g

소금 3g

후추 약간

물 350ml

가니싱

달걀지단

참기름

깨

양념장

간장 10g

다진 마늘 5g

다진 파 10g

깨소금 약간

후추 약간

참기름 5g

수비드 시간

30분

수비드 온도

55℃

도구 · 장비

수비드 머신, 냄비

❶ 수비드 머신을 55.0℃로 예열합니다.

❷ 쇠고기와 양념장을 달달 볶아서 식힙니다.
떡국 떡은 찬물에 씻어서 물기를 제거해 줍니다.

❸ 떡, 고기, 후추, 소금물을 넣고
진공 상태로 만듭니다.

❹ 수비드 머신에서 30분 조리합니다.

⑤ 냄비에서 한번 끓이고
　지단, 참기름, 깨로 장식합니다.

TIP 국물이 탁해지는 것이 싫다면 간장을 줄이고 소금 2~3g을 추가 하거나,

　　2번 과정의 쇠고기를 따로 보관했다가 수비드 종료 후 추가하면 됩니다.

　　좀 더 깊은 맛의 국물이 좋다면 고기 볶는 과정을 생략하고

　　한꺼번에 진공 포장해서 조리해 주세요.

유튜브로 보는
떡국

돼지국밥

RECIPE 14 돼지고기

한국인의 소울 푸드인 돼지국밥을 수비드로 재해석하였습니다.
특별한 재료 없이, 짧은 시간으로 진한 육수의 돼지국밥을 만들 수 있으며,
냉장·냉동 보관할 수 있습니다.
수비드 조리로 깔끔하고도 깊은 맛을 내는 돼지국밥을 집에서 손쉽게 만들어 보세요.

재료
돼지 안심 160g
육수 500g
새우젓 15g
후추 약간
공깃밥 2개

다데기
육수 30g
고춧가루 5g
다진 마늘 5g
다진 청양고추 10g
액젓 5g

가니싱
들깻가루, 부추, 대파

수비드 시간
2시간

수비드 온도
58℃

도구·장비
수비드 머신, 토치, 뚝배기

❶ 수비드 머신을 58.0℃로 예열합니다.

❷ 돼지 안심을 한입 크기로 자르고 새우젓, 후추에 버무린 다음, 강한 불에서 1분만 볶아 줍니다.

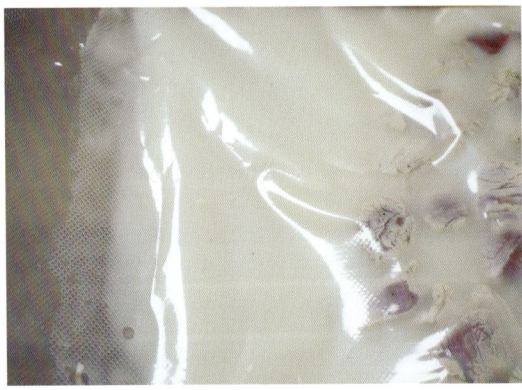

❸ 육수와 안심을 같이 넣고 밀봉합니다.

❹ 수비드 머신에서 2시간 이상 조리합니다.

❺ 완성된 돼지국밥을 뚝배기에 담아 한번 끓입니다. 대파, 들 깻가루, 부추, 다데기, 공깃밥과 함께 냅니다.

TIP 기존의 돼지 국밥보다 국물이 더 시원하고 맑습니다.
약한 간이 좋다면 새우젓 대신 소금이나 간장으로 간을 조절해 주세요.
돼지 안심 대신 선호하는 부위를 사용하셔도 무방합니다.
지방이 적은 부위가 담백한 국밥의 맛을 살릴 수 있습니다.
육수는 직접 만드셔서 사용하시면 좋지만 시판되는 육수도 괜찮습니다.

유튜브로 보는
돼지국밥

한식의 전과 적은 주로 명절에 먹는 별미 중의 하나입니다.

전과 적은 만들 때 손이 많이 가며 기름을 많이 사용하기 때문에 구울 때 번거롭고 칼로리도 높습니다.

하지만 들어가는 재료의 한계가 없고, 다양한 모양과 방법을 활용해 한입 크기로 만들 수 있어 심미적으로도, 미각적으로도 다채로운 결과물을 볼 수 있는 좋은 조리법이기도 합니다.

종류가 다양하고 손이 많이 가는 만큼, 수비드로 전과 적을 해석하고 조리법을 개량하기에 까다로우며 레시피를 실험할 때 손이 많이 가는 요리였습니다.

어떻게 하면 더 효율적으로 만들 수 있을까, 어떻게 하면 한식 고유의 전이 가지는 의미를 수비드로 풀이해서 한식의 우수함을 널리 알릴 수 있을까 고민했습니다. 많은 실험과 고민 끝에 기존 조리법보다 쉽고 간편하게 조리할 수 있는 수비드 레시피를 만들었습니다.

가장 어려웠던 부분은 수비드에서 필수적인 진공 팩의 사용이었습니다. 특별한 틀을 사용하지 않고도 전과 적의 모양을 고정된 형태로 잡기 위해 기존의 진공 팩이 아닌 새로운 제품을 찾아야 했습니다. 새로운 제품은 모양을 잡는 용도 외에도 환경 호르몬에서도 안전해야 하기 때문에 두 배로 어려운 작업이었습니다.

이 부분에서 큰 도움을 주신 김준영 작가님과 강대곤 셰프님께 지면을 빌려 감사 인사를 드립니다.

수비드를 통한 전은 밀가루와 달걀로 만드는 반죽의 비율과 주재료의 비율이 가장 중요합니다. 반죽 비율이 높아지면 재료 본연의 맛보다는 반죽 맛이 강해지고 전이 아니라 빵이나 팬케이크 같은 느낌이 날 수 있습니다. 정확한 반죽과 재료의 양을 계산해서 완급을 조절해야 합니다.

또한 전과 적은 아직 많은 수비드 사용자들의 노력과 도전이 필요한 조리법입니다.

수비드 조리법만으로는 완벽하게 완성되지 않기 때문에 수비드 후에는 튀기거나 팬, 에어 프라이어, 오븐 등으로 굽는 과정이 마무리 과정으로 꼭 필요합니다.

전의 식감은 겉은 바삭하고 속은 촉촉합니다. 수비드 조리법만으로는 오로지 촉촉하고 부드러운 식감만 만들 수 있기에, 기존 조리 방식을 일부 활용해야 한다는 아쉬움이 있습니다. 하지만 수비드 전과 적은 밑 준비가 기존 조리법보다 간편합니다. 또한 부치기 전에 미리 만들어서 장시간 냉장 보관이 가능합니다.

수비드 조리를 하면 속은 다 익기 때문에 보관했다가 언제든 꺼내서 마무리로 표면만 색을 내 주면 됩니다. 준비된 재료를 간단하게 후처리만으로 완성할 수 있다는 점이 수비드 전과 적의 최대 매력입니다. 많은 분들이 수비드 전과 적을 즐기시길 바랍니다.

애호박전

RECIPE 15 **호박**

부드럽고 바삭한 호박전을 수비드 기법을 이용해서 간편하게 만들어 보았습니다.
기존의 애호박전과는 달리 미리 동그란 모양을 만들어서 보관할 수 있어서 편리합니다.
맛도 모양도 색다른 수비드 애호박전을 즐겨 보시기 바랍니다.

재료
애호박 1개
부침가루 50g
천일염 2g
달걀 1개
물 50ml

가니싱
깨

양념장
진간장 30g
다진 마늘 5g
식초 5g
설탕 5g
고춧가루 3g
참기름 5g
깨 약간

수비드 시간
1시간

수비드 온도
90℃

도구·장비
수비드 머신, 팬

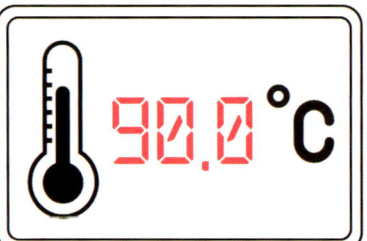

❶ 수비드 머신을 90.0℃로 예열합니다.

❷ 부침가루, 달걀, 물을 섞은 반죽에
채친 애호박과 천일염을 섞어 줍니다.

❸ 원통 형태의 진공 팩에 반죽을 넣고 봉합합니다.

❹ 수비드 머신에서 1시간 조리합니다.

⑤ 완성된 애호박 반죽을 칠링 후 냉장 보관합니다. 필요할 때마다 슬라이스해서 기름을 두른 팬에 1분씩 구워 색을 낸 후, 양념장과 함께 냅니다.

TIP 채친 애호박을 소금물에 살짝 데친 후 조리하면 애호박 특유의 향과 씁쓸한 맛을 없앨 수 있습니다.

유튜브로 보는
애호박전

동그랑땡

RECIPE 16 **돼지고기**

추억의 동그랑땡, 수비드 조리법으로 더욱 부드럽고 맛있게 만들었습니다.
전통적인 과정보다 비교적 조리 과정이 단순하고,
쉽고 편하게 동그란 모양을 만들 수 있습니다.
조리 시간과 수고를 대폭 줄인 수비드 동그랑땡을 만들어 봅시다.

재료
돼지 다짐육 300g
두부 2모
숙주 100g
달걀 2개
부침가루 50g
다진 마늘 10g
다진 파 30g
소금 3g

양념장
깨소금 약간
후추 약간
참기름 약간
소금 3g

가니싱
깨

수비드 시간
1시간

수비드 온도
90℃

도구·장비
수비드 머신, 팬

❶ 수비드 머신을 90.0℃로 예열합니다.

❷ 양념장을 제외한 모든 재료를 섞어서 반죽해 줍니다.

❸ 원통 형태의 팩에 넣고 밀봉합니다.

❹ 수비드 머신에서 1시간 조리합니다.

⑤ 완성된 동그랑땡을 칠링 후 냉장 보관해서 굳힙니다. 필요할 때마다 한입 크기로 잘라 팬에서 앞뒤로 1분씩 구워서 마무리합니다.

TIP 숙주와 파를 다듬는 과정이 번거롭다면 처음부터 제외하고 조리해도 됩니다.
두부의 물기를 빼면 씹는 맛을 강조할 수 있고, 그대로 조리하면 식감이 부드럽습니다.

유튜브로 보는
동그랑땡

감자빈대떡

RECIPE 17   감자

수비드를 통해서 쫄깃함과 바삭함을 끌어올린 수비드 감자빈대떡입니다.
전통적인 조리법으로 만든 감자빈대떡보다 모양을 더 잘 유지할 수 있고,
감자 특유의 고소한 향도 강해서 맛있게 먹을 수 있습니다.

재료
감자 300g
부침가루 30g
양파 50g
숙주 30g
소금 3g
후추 0.2g
참기름 5g

양념장
진간장 30g
다진 마늘 5g
식초 5g
설탕 5g
참기름 5g
깨 약간

가니싱
깨

수비드 시간
1시간

수비드 온도
90℃

도구·장비
수비드 머신, 강판, 팬

❶ 수비드 머신을 90.0℃로 예열합니다.

❷ 감자와 양파를 강판으로 간 후에 숙주, 소금, 후추, 참기름, 밀가루와 골고루 섞어 줍니다.

❸ 원통 형태의 진공 팩에 넣고 밀봉합니다.

❹ 수비드 머신에서 1시간 조리합니다.

⑤ 칠링 후에 냉장 보관합니다.
내용물이 굳으면 한입 크기로 슬라이스한 뒤,
팬에서 앞뒤를 구워서 냅니다.

TIP 좀 더 바삭한 식감을 좋아한다면 양파를 넣지 마세요.
강판을 쓰지 않고 믹서나 분쇄기로 양파와 감자를 갈면 물기가 더 생기기 때문에
반죽이 물렁해집니다.

유튜브로 보는
감자빈대떡

섭산적

RECIPE 18　**쇠고기**

밥반찬이나 술안주로 제격인 섭산적입니다.
특별한 틀 없이 진공팩만으로 모양을 잡을 수 있어서 간편합니다.
수비드 조리법을 통해 재탄생하면서 향과 씹는 맛이 더해졌습니다.
기존 조리법보다 만들기도 수월합니다.

재료
쇠고기(우둔살) 200g

가니싱
깨, 참기름

양념장
간장 10g
다진 파 10g
다진 마늘 5g
깨소금 3g
참기름 5g
후추 약간

수비드 시간
30분

수비드 온도
60℃

도구·장비
수비드 머신, 석쇠

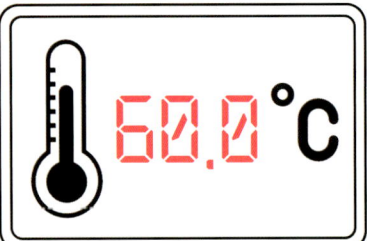

① 수비드 머신을 60.0℃로 예열합니다.

② 쇠고기는 최대한 곱게 다져서 양념장과 버무려 줍니다.

③ 진공 상태로 만들면서 직사각으로 모양을 잡습니다.

④ 수비드 머신에서 30분 조리합니다.

❺ 섭산적을 석쇠에 넣고 직화로 색을 냅니다. 한입 크기로 잘라 참기름과 깨를 뿌려서 완성합니다.

TIP 특별한 틀 없이 진공팩 자체로 모양을 잡을 수 있습니다.
　　다짐육은 우둔살이 좋지만 다른 고기도 무방합니다.
　　양념을 만들기 번거롭다면 시판 소스를 쓰셔도 됩니다.
　　조리하는 부위, 지방, 식감의 차이에 따라 떡갈비와 섭산적으로 나뉩니다.

유튜브로 보는
섭산적

RECIPE PART 4

수비드 반찬

한식은 다양한 조리법으로 만든 반찬 문화가 발달했습니다. 졸이고 절여서 만드는 자반, 재료에 양념을 해서 만드는 무침, 야채의 순 등을 살짝 데쳐서 만드는 나물류, 재료들을 볶아서 만드는 볶음, 소금이나 장 등에 절여서 만드는 김치나 젓갈류 등….

한식에 있어서 찬은 단순히 밥과 곁들이는 부식이 아니라 한식을 정의하는 중요한 부분일 수 있습니다. 이렇게 다양한 반찬을 전부 수비드로 표현하기에는 어려움이 있습니다.
하지만, 조림, 무침, 자반처럼 양념과 함께 조리하는 반찬은 수비드 조리로 맛을 내고 조리법을 개량하기가 좋습니다.

건조한 두류, 곡류로 만드는 반찬은 별도의 불리는 과정이 필요 없습니다. 두류나 곡류의 3~4배 정도의 물을 넣어 조리하면 길고 불편한 밑준비 없이 기존 조리법만큼 좋은 결과물을 얻을 수 있습니다.
또 한 종류의 해산물로 만들거나 야채로만 조리하는 무침도 기존 조리법보다 수비드 조리법으로 조리할 때 식감도 좋고, 양념간이 골고루 배기 때문에 먹는 즐거움이 더해집니다.

한식 반찬은 종류가 많고 손이 많이 가기 때문에 한식의 발전을 저해하는 요소로 보는 시각도 있습니다. 하지만 수비드로 만드는 한식 반찬은 기존의 한식 반찬 조리 과정보다 단순하기 때문에, 한식의 발전에 좀 더 도움이 될 거라고 생각합니다.

이 책에 소개된 레시피들은 모두 재료나 양념을 바꿔서 응용할 수 있습니다. 단순히 하나의 완성된 레시피로 보시지 마시고 다른 재료를 사용해서 나만의 요리를 창조하시길 바랍니다.
수비드 조리법을 통해 한식 반찬이 한식의 자랑으로 여겨지기를 바랍니다.

풋마늘 오징어무침

RECIPE 19 **오징어**

식욕을 잃기 쉬운 나른한 봄철에 어울리는 새콤달콤한 풋마늘 오징어무침입니다.
손이 크게 가지 않고 편하게 만들 수 있습니다.
부드럽고 탱글한 갑오징어의 식감과 매콤 새콤한 풋마늘의 조합을
수비드 조리법으로 손쉽게 즐기시길 바랍니다.

재료
풋마늘 2뿌리
갑오징어 1마리

가니싱
참기름, 깨

양념장
고추장 45g
설탕 20g
식초 10g
다진 마늘 10g
생강 2g
참기름 10g

수비드 시간
1시간

수비드 온도
60℃

도구·장비
수비드 머신

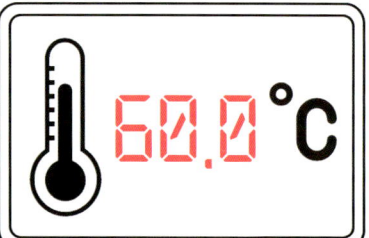

❶ 수비드 머신을 60.0℃로 예열합니다.

❷ 오징어는 껍질과 내장을 제거한 후에 먹기 좋게 썰고, 양념장의 재료와 다듬은 풋마늘을 볶았다가 식힙니다.

❸ 진공 상태로 만듭니다.

❹ 수비드 머신에서 1시간 조리합니다.

❺ 칠링 후 접시에 담고 참기름과 깨로 장식합니다.

TIP 오징어를 먹음직스럽게 장식하고 싶다면 칼집을 내서 끓는 소금물에 살짝 데친 후 찬물에 헹굽니다. 솔방울 모양이 살아납니다.

양념장과 풋마늘을 볶는 과정이 번거롭다면 생략해도 됩니다.

차가운 찬으로 섭취해도 좋고, 따뜻하게 볶아서 덮밥으로 드셔도 좋습니다.

유튜브로 보는
풋마늘 오징어무침

장조림

RECIPE 20 쇠고기

한국인이 좋아하는 도시락 반찬 중 항상 1순위를 자랑하는 쇠고기 장조림입니다.
수비드 조리를 통해서 좀 더 쫄깃하고 씹는 맛을 가미했습니다.
기존의 장조림보다 좀 더 편하고 단순하게 만들 수 있습니다.
장기 보관도 매우 용이해서 현대인들의 식생활에 적절한 레시피입니다.

재료
쇠고기(치마양지) 300g

가니싱
깨

양념장
간장 50g

물 50ml

설탕 20g

물엿 5g

통마늘 50g

수비드 시간
6시간 ~ 10시간

수비드 온도
65℃

도구·장비
수비드 머신

① 수비드 머신을 65.0℃로 예열합니다.

② 양념장을 한번 끓여서 반으로 졸인 후 식힙니다.

③ 진공 팩에 쇠고기와 양념장을 넣고 진공 상태로 만듭니다.

④ 수비드 머신에서 8시간 이상 조리합니다.

⑤ 완성된 장조림을 칠링합니다. 먹을 때 썰어서 깨를 뿌리고 국물과 함께 냅니다.

TIP 양념과 부위는 취향에 따라 바꿔도 됩니다.

쇠고기 사태, 양지 부위는 동일한 온도와 시간으로 조리하세요.

양념장을 끓이지 않고 그냥 만든다면, 물은 넣지 않습니다. 마늘의 식감이 좀 더 아삭합니다.

쫄깃한 식감이 좋다면 6시간을, 부드럽고 촉촉한 식감이 좋다면 8시간 이상 조리해 주세요.

유튜브로 보는
장조림

오이무침

RECIPE 21 **오이**

수비드로 만든 오이무침입니다.
모양과 맛을 장기간 유지할 수 있어서 냉장고에 보관한 후 두고두고 먹을 수 있습니다.
또한 오이무침에서 나오는 시원하고 매콤한 육수는 소면에 말아 먹어도 잘 어울립니다.
더운 여름에 입맛을 돋궈주고 비타민도 섭취할 수 있는 음식입니다.

재료
오이 3개

가니싱
깨

양념장
고추장 60g
설탕 15g
식초 20g
깨소금 5g
다진 마늘 5g
참기름 약간

수비드 시간
1시간

수비드 온도
60℃

도구·장비
수비드 머신

❶ 수비드 머신을 60.0℃로 예열합니다.

❷ 오이는 깨끗이 씻어서 슬라이스 해줍니다.

❸ 양념장에 버무린 오이를 진공 포장을 합니다.

❹ 수비드 머신에서 1시간 조리해줍니다.

❺ 칠링 후 하루 이상 냉장 보관합니다.
　먹을 때 접시에 담고 위에 깨를 뿌립니다.

TIP 수비드 종료 즉시 얼음과 함께 내서 먹어도 좋습니다.
　　수비드 오이 무침의 특징은 아삭한 맛이 증가되고 오이의 청량한 향이 증폭된다는 점입니다.
　　양념장은 초고추장만 넣어도 됩니다.

유튜브로 보는
오이무침

콩자반

RECIPE 22 콩

밑반찬으로 쓰이는 콩자반입니다.
일반적인 조리법으로는 콩을 장시간 불려야 콩이 부드러워집니다.
하지만 수비드 조리법을 사용하면 불리지 않고 만들 수 있어 시간도 적게 걸리고
훨씬 편하게 조리할 수 있습니다. 영양소도 파괴되지 않는 건강식입니다.

재료
서리태 200g
간장 50g
설탕 20g
물엿 10g
참기름 5g
물 200ml
소금 1g

가니싱
깨

수비드 시간
3시간

수비드 온도
90℃

도구·장비
수비드 머신, 냄비

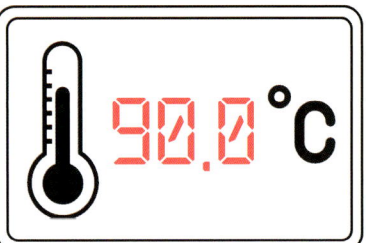
① 수비드 머신을 90.0℃로 예열합니다.

② 서리태를 깨끗이 씻어서 물기를 제거합니다.

③ 진공 팩에 콩과 양념을 넣고 진공 상태로 만듭니다.

④ 수비드 머신에서 3시간 이상 조리합니다.

⑤ 풋내를 제거하기 위해 한번 끓여준 후, 그릇에 담고 깨를 뿌려서 완성합니다.

TIP 수비드 조리 완료 후 한 번 더 끓이면 콩 특유의 풋내가 제거됩니다.

조리 전에 소금물에 살짝 데치거나 소금을 약간 넣어도 잡내가 사라집니다.

다른 건재료로 수비드 조림을 할 때도 비슷한 시간과 온도로 조리할 수 있습니다.

두류나 곡물 건조 재료는 양념을 제외한 물의 비율은

재료 1 : 액체 3 또는 재료 1 : 액체 4 정도가 적절합니다.

수분이 많으면 식감이 개선됩니다.

유튜브로 보는
콩자반

RECIPE PART 5

수비드 구이

한식의 구이는 다양하면서도 단순 명쾌합니다.

숯불로 단순하게 구워서 쌈을 싸 먹는 구이부터 고기를 양념에 재워서 굽는 갈비나 불고기 같은 요리가 주가 됩니다.

또한 한식이라는 틀에서 벗어나 다양한 실험이 많이 시도되는 장르입니다. 한국 전통 음식이라고 여겨지는 닭갈비만 해도 1960년대에 판매되기 시작한 요리입니다. 하지만 지금은 한국뿐 아니라 전 세계적으로도 유명한 한식 요리 중 하나입니다. 이처럼 한식으로서의 역사가 짧은데도 한식으로서 인식되는 구이 요리들이 날로 발전하고 있습니다.

육류의 구이 요리는 수비드로 재해석하기에 정말 좋은 조리법이기도 합니다.

양념에 재운 구이 요리는 장시간 고기를 재울 필요 없이 수비드를 하는 동안 양념이 골고루 배기 때문에 시간이 절약됩니다. 통구이처럼 두꺼운 육류 구이는 가정에서는 버너나 인덕션의 화력이 약해서 굽기 어렵지만, 수비드로는 비교적 손쉽게 완성할 수 있습니다. 물론 수비드로만 조리하면 직화의 불 맛이나 숯 특유의 향을 느끼기 힘들기 때문에 수비드 조리가 끝난 후에 추가로 조리 과정을 거쳐야 합니다. 그래도 수비드 조리를 하면 단백질이 변성되기 때문에 구이 요리의 맛을 충분히 즐길 수 있습니다.

수비드로 한식 구이를 조리할 때 가장 주의할 부분은 잡내 처리입니다. 수비드를 하면 향이 증폭되면서 잡내도 함께 강해집니다. 전·후 처리를 해서 육류 특유의 잡내를 확실히 제거해야 합니다.

전·후 처리의 예로는 마리네이드, 염지, 시어링, 프리시어링 등이 있습니다.

야채나 해산물과 같은 재료를 혼합할 때는 수비드 조리 후에 첨가하거나 미리 조리했다가 수비드 조리 전에 혼합해야 합니다.

수비드 구이는 단점도 물론 있지만 장점이 더 많은 요리입니다. 많은 수비드 유저 분들이 직접 조리하면서 한식 육류 구이의 장점을 느끼시길 바랍니다.

관자불고기

RECIPE 23 관자

관자로 만든 불고기입니다.
한식의 느낌과 서양의 느낌을 동시에 살린 퓨전 조리법으로,
관자의 부드러움과 쫄깃한 식감이 잘 어우러져 있습니다.
온도와 관계없이 차갑든 뜨겁든 관자 특유의 식감과 맛을 즐길 수 있습니다.

재료
관자 150g

가니싱
깨

양념장
고추장 20g
간장 5g
다진 파 10g
다진 마늘 5g
설탕 5g
물엿 5g
깨소금 약간
후추 약간
참기름 5g
버터 8g

수비드 시간
30분

수비드 온도
60℃

도구·장비
수비드 머신, 토치

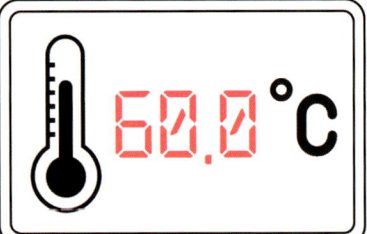

① 수비드 머신을 60.0℃로 예열합니다.

② 양념장을 볶아서 식힙니다.
관자에 칼집을 내서 다듬습니다.

③ 관자에 양념을 버무려서 진공 포장합니다.

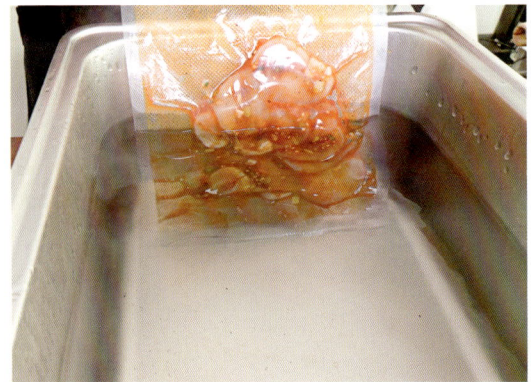

④ 수비드 머신에서 30분 조리합니다.

⑤ 완성된 관자를 토치나 팬에서 색을 낸 후에 깨를 뿌려줍니다.

TIP 두꺼운 관자로 조리하셔도 무방합니다.
　　마늘이나 파와 같은 야채와 함께 볶아서 마무리해도 잘 어울립니다.
　　차갑게 보관했다가 반찬으로 먹으면 좋습니다.

유튜브로 보는
관자불고기

통 삼겹살

RECIPE 24 **돼지고기**

한국인의 소울 푸드인 삼겹살을 수비드로 부드럽고 쫄깃하게 재현했습니다.
많이 알려진 통 삼겹살 수비드 조리법은 식감이 지나치게 부드러워
한국인 입맛에 맞지 않는 경향이 있습니다.
한국인들이 삼겹살을 사랑하는 이유는 특유의 쫄깃하고 바삭한 식감인데,
수비드 기법으로 장시간 조리하면 부드러워지기 때문입니다.
수비드로는 시간을 단축하고 온도도 맞춰 한국인이 선호하는 식감을 살렸습니다.

재료

통 삼겹살 600g

허브 소금 2g

가니싱

마늘, 파, 쌈장

수비드 시간

2시간 ~ 8시간

수비드 온도

58℃

도구·장비

수비드 머신, 토치

① 수비드 머신을 58.0℃로 예열합니다.

② 통 삼겹살에 허브 소금을 골고루 뿌려 줍니다.

③ 진공 포장합니다.

④ 수비드 머신에서 2시간 이상 조리합니다.

5 완성된 삼겹살에 칼집을 내고 직화로 색을 냅니다. 구운 통마늘과 파를 쌈장과 곁들여 냅니다.

TIP 시간을 단축한 조리법입니다. 오겹살 껍질이나 물렁뼈 부분은 별도 처리나 추가 가열해 주세요. 일반적인 구이용 삼겹살은 온도와 시간이 동일합니다.

유튜브로 보는
통 삼겹살

닭갈비

RECIPE 25 닭

춘천의 명물, 춘천 닭갈비 형식의 양념을 사용한 수비드 닭갈비입니다.
뼈를 제거한 닭다리 정육을 사용하여
온도와 시간을 대폭 단축하였습니다.
수비드로 닭다리 특유의 쫄깃한 질감과 맛을 살렸습니다.

재료
닭다리 정육 500g

가니싱
깻잎, 깨

양념장
고추장 30g
고춧가루 10g
간장 10g
설탕 5g
물엿 10g
다진 마늘 10g
생강 2g
맛술 10g
참기름 5g
후추 약간
카레 가루 5g

수비드 시간
2시간

수비드 온도
60℃

도구·장비
수비드 머신, 토치, 석쇠

❶ 수비드 머신을 60.0℃로 예열합니다.

❷ 양념장 재료를 줄여서 식힙니다.
　 닭고기를 물로 헹궈 준 후 물기를 제거합니다.

❸ 양념장에 닭고기를 버무려서
　 진공 상태로 만듭니다.

❹ 수비드 머신에서 2시간 조리합니다.

❺ 자작한 소스를 한번 졸여서 닭갈비에 바른 후
 석쇠로 구워 색을 냅니다.
 마지막에 깨와 깻잎을 뿌려서 완성합니다.

TIP 고구마, 양배추, 양파 등의 야채를 볶아서 닭갈비와 섞어서 드셔도 잘 어울립니다.
 양념을 직접 만들기 번거롭다면 시판 닭갈비 양념도 무방합니다.

유튜브로 보는
닭갈비

떡갈비

RECIPE 26 쇠고기

촉촉하고 부드러운 수비드 떡갈비입니다.
원육, 지방, 소스만으로 만들 수 있는 심플하면서도 편한 레시피입니다.
손쉽게 대량 조리할 수 있어 수고를 줄인 레시피이고,
적정한 시간과 온도로 깊고 부드러운 맛을 자랑합니다.

재료
다짐육(소갈비) 200g
소 지방 20g

가니싱
잣

양념장
간장 25g
설탕 15g
다진 마늘 4g
참기름 3g
다진 파 2g

수비드 시간
1시간

수비드 온도
58℃

도구·장비
수비드 머신, 토치, 팬

① 수비드 머신을 58.0℃로 예열합니다.

② 양념장을 볶았다가 식히고 다짐육, 지방과 함께 섞은 후 모양을 잡아 줍니다.

③ 모양이 잡힌 반죽을 진공 포장 합니다.

④ 수비드 머신에서 1시간 조리합니다.

5 팬에 올려서 앞뒤로 구워 색을 낸 후 잣을 뿌립니다.

TIP 영상에서는 원육 10 :지방 1의 비율로 만들었지만, 지방의 비율이 30% 이하면 됩니다.

양념을 직접 만들면 좋지만 시판 갈비 소스나 좋아하시는 양념을 쓰셔도 됩니다.

반죽을 혼합한 다음 틀에 넣어서 냉동실에서 약 30분 정도 얼린 후 진공 포장하면 형태가 단단하게 완성됩니다.

유튜브로 보는
떡갈비

RECIPE PART 6

수비드
전통 음료

한국의 전통음료에는 약식동의(藥食同意), 즉 약효가 있는 재료를 사용하는 음료가 많습니다.
하지만 기존의 조리법에서는 당분이 과다하게 들어간 경우가 많기에, 수비드 전통 음료 파트에서는 당분은 줄이면서 맛과 향을 증폭시킨, 개선된 레시피들을 넣었습니다.

이러한 전통 음료들은 평소 주변에서 구매하기 어려운 재료나 약재를 사용할 때도 있고, 만드는 방법이 길고 복잡해서 바쁜 현대인에게는 번거로울 수 있습니다. 하지만 그만큼 장기 보관하기 좋고, 과학적이고 체계적인 틀을 가지고 있는 것이 한식 음료의 강점입니다.

식혜의 경우 엿기름의 아밀레이스를 이용해서 쌀의 탄수화물을 적정 온도에서 가수분해합니다. 당이 생성된 뒤에는 추가적인 가수분해를 막기 위해 고온에서 한 번 끓여 마무리하는 체계적인 과정을 거칩니다.
수정과는 각각의 재료를 우린 물을 따로 달여 내서 식힌 후 섞습니다. 이는 맛과 향을 보존하고 재료 본연의 향을 최대한 살리는 조리법입니다.
수비드 방식으로 전통 음료를 만들 때 가장 큰 장점은 적절한 온도로 유지하면서 발효나 숙성 과정을 획기적으로 줄일 수 있다는 점입니다. 또한 번거로운 별도의 추가 조리 과정을 거치지 않고도 향미를 증진시킬 수 있습니다.

수비드를 통한 전통 음료는 수비드의 장점만을 활용할 수 있어 이상적인 조리법입니다. 생소할 수 있지만 기존 조리법보다 개선되고 간편한 수비드 전통 음료를 만들어서 즐기시길 바랍니다.

식혜

RECIPE 27 **쌀**

한국의 전통음료 식혜를 수비드로 만들었습니다.
수비드 조리법으로 과학적이고 체계적으로 가수분해를 가속한 방식입니다.
전통 방식보다 설탕의 양이 적고, 스테비아를 넣어 유리당의 모자란 단맛을 보충했습니다.
칼로리를 낮춘 건강 식혜입니다.

재료
찬밥 800g
(생쌀 기준 약 400g)
엿기름 200g
물 2L
생강 10g
설탕 20g
스테비아 50g
소금 1g

가니싱
잣 약간

수비드 시간
3~4시간

수비드 온도
68℃

도구·장비
수비드 머신, 체, 밥솥, 삼베 주머니

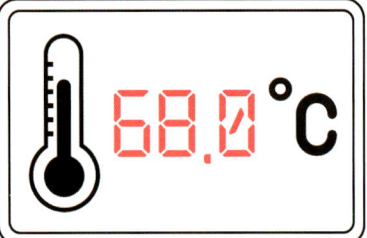

❶ 수비드 머신을 68.0℃로 예열합니다.

❷ 찬밥 100g을 삼베 주머니에 넣어 줍니다.

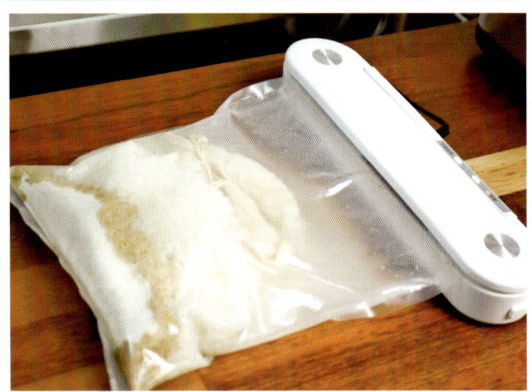

❸ 진공 팩에 찬밥, 엿기름, 물 1L, 생강, 설탕, 스테비아, 소금, 찬밥을 넣은 삼베 주머니를 넣고 진공 상태로 만듭니다.

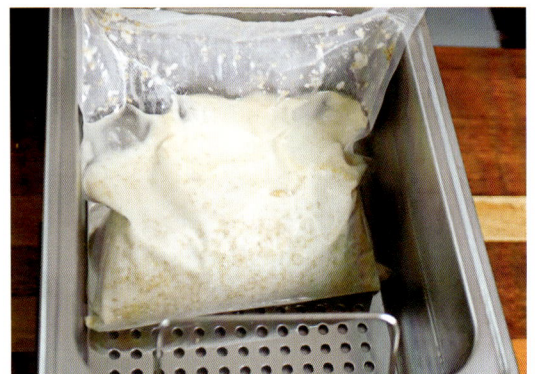

❹ 수비드 머신에서 3시간 이상 조리합니다.

❺ 삼베 주머니 안의 쌀을 꺼내 흐르는 물에 씻어 불순물을 제거합니다.

❻ 체를 써서 진공 팩 내부의 조리된 액체에서 쌀을 걸러냅니다. 불순물을 제거한 삼베 주머니 안의 쌀을 액체에 넣어 한소끔 끓여 줍니다.

TIP 마지막 과정에서 한소끔 끓이는 이유는

과도하게 가수분해가 이루어지면 식혜가 단술이 되기 때문에 가수분해를 막기 위해서입니다.

이 과정에서 수분이 날아가면서 단맛이 좀 더 농축된다는 장점도 있습니다.

맑은 식혜를 만들 때는 커피 필터로 걸러 줍니다.

유튜브로 보는
식혜

수정과

RECIPE 28 **계피**

곶감과 계피를 사용해서 만드는 전통 음료인 수정과입니다.
전통적인 수정과 조리법은 생강물과 계피물을 따로 끓여서 식힌 후 섞어야 해서 번거롭지만,
수비드 수정과는 모든 재료를 넣어서 수비드해도 되기에 매우 간편합니다.
계피와 함께 시나몬도 넣어 좀 더 풍부한 맛을 인퓨징으로 살렸습니다.

재료
통후추 5g
곶감 4개
계피 40g
시나몬 스틱 10g
생강 40g
갈색 설탕 250g
물 2L
소금 1g

가니싱
잣

수비드 시간
3시간 이상

수비드 온도
60℃

도구·장비
수비드 머신, 체

❶ 수비드 머신을 60.0℃로 예열합니다.

❷ 계피, 시나몬, 곶감을 흐르는 물에 씻고 물기를 닦습니다.

❸ 모든 재료를 진공 팩에 넣고 포장합니다.

❹ 수비드 머신에서 3시간 이상 조리합니다.

⑤ 체로 걸러서 곶감과 수정과를 분리합니다.
　차갑게 식힌 후 잣을 올려서 냅니다.

TIP 설탕 대신 흑설탕을 사용하면 독특하고 아름다운 색감을 낼 수 있습니다.
　　팜슈가나 스테비아 같은 대체당으로 변경해도 됩니다.
　　수비드 시간은 8시간 이상 조리했을 때 가장 맛있지만, 3시간만 조리해도 충분히 맛있습니다.

유튜브로 보는
수정과

배숙

RECIPE 29 **배**

소화와 감기에 좋은 배숙을 수비드로 만들었습니다.
배의 향을 살리며 풍부하고 깊은 맛을 내고, 영양소도 그대로 살렸습니다.
수비드로 조리한 배숙은 장기 보관할 수 있어
필요할 때마다 조금씩 꺼내서 드실 수 있습니다.

재료
배 1개
통후추 24개
생강 20g
설탕 100g
물 500ml
소금 1g

가니싱
잣

수비드 시간
1시간

수비드 온도
60℃

도구·장비
수비드 머신, 냄비

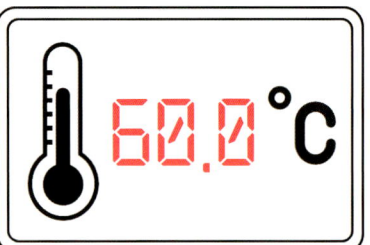

❶ 수비드 머신을 60℃로 예열합니다.

❷ 생강을 다듬어서 물, 설탕, 소금을 넣고
한번 끓인 후 생강을 제거하고 식힙니다.
배는 껍질을 제거해서 8등분하고
등에 후추를 3개씩 박아 둡니다.

❸ 배와 생강 물을 진공 팩에 넣고 밀봉합니다.

❹ 수비드 머신에서 1시간 동안 조리합니다.

❺ 칠링한 후 냉장 보관합니다.
차가워진 배숙을 그릇에 담고
잣을 띄워 제공합니다.

TIP 설탕 대신 스테비아 2~30g을 넣으시면 좀 더 건강하게 드실 수 있습니다.
후추는 개인 취향이 갈리기 때문에 배에 직접 넣지 않고 음료에 넣거나
배에 박는 후추의 개수를 줄여도 됩니다.

유튜브로 보는
배숙

RECIPE PART 7

수비드
죽

한식의 죽은 다른 나라의 죽보다 종류도 다양하고 재료 선택도 폭 넓은 편입니다.

전분이나 밀가루를 별도로 추가 하지 않고 재료 자체의 전분과 당분을 최대한 활용해서 걸쭉한 농도를 냅니다. 하지만 경우에 따라서 단호박죽처럼 농도를 조절하기 어려운 경우는 찹쌀가루로 전분을 추가할 때도 있습니다.

또 한국 고유의 전통 죽들의 특징은 타락죽을 제외하면 물과 재료의 수분만으로 완성한다는 점입니다. 그래서 수비드로 한식 죽을 조리할 때는 완성되었을 때의 농도를 고려해서 수분의 양을 조절 해줘야 합니다.

전분을 완전히 호화시켜 유동성이 있는 죽은 소화하기 편해서 유아식, 노인식, 환자식으로 오랫동안 사랑받아 왔으며, 죽만을 판매하는 전문 식당이 성행할 정도로 인기 있는 요리입니다.

수비드로 죽을 만들면 기존의 조리법보다 이점이 많습니다.

곡물과 두류처럼 건조한 재료를 사용할 때, 별도로 불릴 필요 없이 수비드로 바로 만들 수 있습니다. 물론 불릴 분량의 수분까지 계산해서 넣어야 한다는 단점이 있지만, 그만큼 간단하게 만들 수 있습니다. 또 눌어붙거나 넘치지 않도록 저어 줄 필요도 없고, 불 앞에서 지킬 필요가 없어 시간을 안배하기에 좋습니다.

수비드 죽은 기존의 죽보다 향이 강하고 좀 더 깊은 맛을 냅니다. 전분의 호화가 고르게 이뤄지기 때문에 식감도 상대적으로 더 고르고 부드러워집니다.

단점은 재료들의 풋내가 그대로 남을 수 있고 수비드 조리법 만으로는 잡내를 잡기 어렵다는 점입니다. 그래서 마무리 과정이나 식전에 소량의 소금을 첨가해 잡내를 제거해 줘야 합니다.

또한 섬유질이 강화되기 때문에 믹서로 갈아서 섬유질을 인위적으로 끊어 줄 필요가 있습니다.

단점이 있지만 수비드 죽은 장점이 훨씬 많기에 강력하게 추천합니다. 죽을 좋아하시는 분들, 유아식, 환자식이 필요한 분들은 레시피를 적극 활용하셨으면 좋겠습니다.

잣죽

RECIPE 30 쌀

부드럽고 풍미가 좋은 수비드 잣죽으로 보양하시는 건 어떨까요?
죽을 만들 때는 타지 않게 계속 저어 줘야 해서 번거롭고, 잣도 많이 넣어야 합니다.
수비드로는 저을 필요가 없고 잣도 조금만 넣어도 부드럽고 향기로운 잣죽이 완성됩니다.
단순한 재료와 최소한의 준비로 최고의 잣죽을 즐겨 보시길 바랍니다.

재료
쌀 200g
잣 40g
물 500ml
소금 2g

가니싱
잣 약간

수비드 시간
1시간 이상

수비드 온도
90℃

도구·장비
수비드 머신, 냄비, 믹서

❶ 수비드 머신을 90.0℃로 예열합니다.

❷ 불린 쌀, 잣, 소금을 물과 함께 믹서기에 넣어 곱게 갑니다.

❸ 진공 상태로 만듭니다.

❹ 수비드 머신에서 1시간 이상 조리합니다.

⑤ 냄비에 죽을 담고 끓여서 농도를 진하게 만든 후 잣가루를 뿌려 담아 냅니다.

TIP 물 대신 우유를 넣으면 풍미가 더욱 부드럽습니다.
　　유아식은 소금의 양을 1g미만으로 넣어 주세요.
　　단순한 재료와 짧은 시간으로 맛과 영양을 동시에 즐길 수 있는 죽입니다.

유튜브로 보는
잣죽

단호박죽

RECIPE 31 **단호박**

자연의 단맛이 그대로 살아 있는 단호박죽을
간편하게 수비드로 만들어 보았습니다.
눌어붙을 염려가 없어 부엌에서 기다리는 시간을 줄일 수 있습니다.
좋은 영양소를 그대로 섭취할 수 있습니다.

재료
단호박 600g
소금 1g
찹쌀가루 50g
물 300ml

가니싱 옹심이
찹쌀가루 100g
소금 약간
뜨거운 물

수비드 시간
1시간

수비드 온도
90℃

도구·장비
수비드 머신, 믹서, 냄비

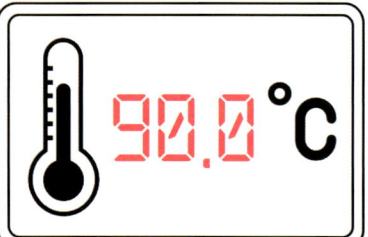

❶ 수비드 머신을 90.0℃로 예열합니다.

❷ 단호박은 껍질을 제거한 뒤 작게 썰어 줍니다.

❸ 단호박, 소금, 찹쌀가루, 물을 넣고 진공 상태로 만듭니다.

❹ 수비드 머신에서 1시간 조리합니다.

❺ 믹서기로 곱게 갈고 끓여서 농도를 조절한 뒤 옹심이를 넣고 완성합니다.

TIP 소금을 넣어야 호박 특유의 풋내가 사라집니다. 소금의 양은 취향에 따라 조절합니다.
　　단 호박 외에도 고구마 등을 사용해도 좋습니다.
　　우유나 버터를 넣으면 맛이 좀더 풍부해집니다.

유튜브로 보는
단호박죽

팥죽

RECIPE 32 **팥**

우리나라 고유의 겨울 음식 팥죽을 수비드로 만들었습니다.
불리거나 쌀을 따로 지어서 섞는 전통적인 방식이 아니라,
모든 재료를 한꺼번에 넣어서 간편하게 만드는 레시피입니다.
팥의 향이 살아 있어 고소하며, 전통적인 조리법보다 훨씬 간편하고 쉽습니다.

재료
팥 200g
쌀 150g
소금 2g
설탕 20g
물 600ml

가니싱 옹심이
찹쌀가루 100g
소금 약간
뜨거운 물 10g

수비드 시간
3시간

수비드 온도
90℃

도구·장비
수비드 머신, 냄비, 믹서

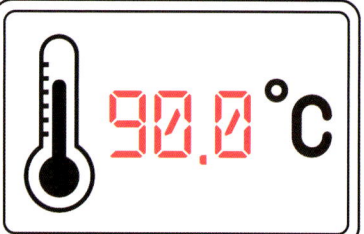

① 수비드 머신을 90.0℃로 예열합니다.

② 팥과 쌀을 씻어서 물기를 제거합니다.

③ 팥, 쌀, 소금, 설탕, 물 300ml을 함께 진공 포장합니다.

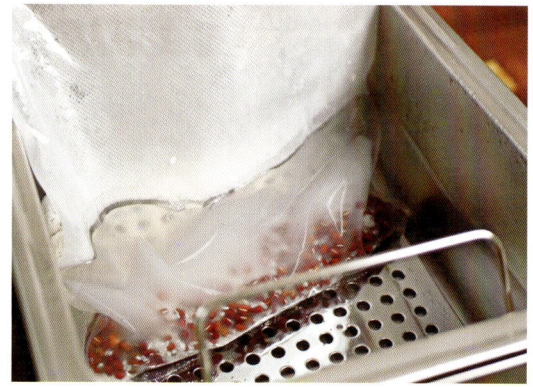

④ 수비드 머신에서 3시간 이상 조리합니다.

❺ 믹서에 물 200ml과 내용물을 넣고 곱게 갑니다. 냄비에 남은 물과 옹심이를 함께 담고 한소끔 끓여서 완성합니다.

TIP 기존 팥죽의 쌀이 씹히는 식감이 좋다면 쌀을 빼고 만든 후 5단계에서 찬밥을 넣고 끓여 주시면 됩니다. 단팥죽을 좋아하시는 분들은 쌀 대신 찹쌀가루를 50g 넣고 설탕의 양을 3배로 늘리거나 스테비아를 추가로 넣고 수비드 조리합니다.

유튜브로 보는
팥죽

수비드의 정석 KOREAN FOOD

지은이 정상길, 임선준, 조학래, 김경호

초판 1쇄 발행일 2022년 11월 1일

발행인 오종필
책임 편집 위크래프트
디자인 김경희
발행처 제이알매니지먼트
주소 서울시 금천구 디지털로9길 41, 삼성IT해링턴타워 712호

ⓒ 정상길, 임선준, 조학래, 김경호, 2022
ISBN 979-11-91730-10-4 13590

- 이 책은 저작권법에 따라 보호받는 저작물이므로 무단 전재와 복제를 금합니다.
- 이 책의 전부 혹은 일부를 이용하려면 저작권자와 출판사의 동의를 받아야 합니다.
- 잘못된 책은 구입하신 곳에서 바꿔드립니다.
- 책 모서리에 찍히거나 책장에 베이지 않게 조심하세요.